CLAIR BROWN

# L'ECONOMIA DEL BUDDHA

Traduzione di Laura Serra

VALLARDI

Antonio Vallardi Editore s.u.r.l.
Gruppo editoriale Mauri Spagnol
www.vallardi.it

Per essere informato sulle novità del Gruppo editoriale Mauri Spagnol visita:
www.illibraio.it



Titolo originale: *BUDDHIST ECONOMICS. An Enlightened Approach to the Dismal Science* by Clair Brown


Progetto grafico di Francesca Jacchia

Realizzazione editoriale a cura di Aster Studio, Milano



| Ristampe | 2021 | 2020 | 2019 | 2018 |
|---|---|---|---|---|
| | 7 6 | 5 4 | 3 2 | 1 0 |

ISBN: 978-88-6987-351-5

# Sommario

*Dedico questo libro alla mia famiglia*
*e ai miei amici per il loro affetto*
*e la loro sollecitudine,*
*e a Madre Terra per avere alimentato*
*la vita nel corso dei secoli*

# INTRODUZIONE

L'economia influisce sull'esistenza e la felicità del genere umano, ma anche se ha un sensibile effetto sulla nostra vita e il nostro futuro, molti continuano a ignorarla. Prendiamo i più grandi problemi mondiali, come il riscaldamento globale e la sperequazione dei redditi. I climatologi dell'ONU avvertono che il tempo è agli sgoccioli, se vogliamo evitare di distruggere il pianeta e il nostro modo di vivere. La sperequazione dei redditi è grande quasi quanto lo era a cavallo tra l'Ottocento e il Novecento, e gli economisti prevedono che le diseguaglianze continueranno ad aumentare, con conseguenti turbolenze politiche.

Entrambi questi problemi sono profondamente influenzati dall'economia. Per risolverli occorre rivedere da cima a fondo il nostro sistema economico, la nostra vita e le nostre priorità. Dobbiamo imparare a vivere in armonia con la natura e con il nostro prossimo.

Da una vita sono un'economista dell'Università della California a Berkeley e, da un decennio, sono anche buddhista. Come docente di economia e studiosa del buddhismo, da tempo ormai mi occupo del preoccupante divario tra l'economia di mercato e le difficoltà del mondo reale. In un mondo contrassegnato da cospicue disparità economiche e dalla minaccia del collasso ambientale, dove pochi vivono nell'opulenza, molti vivono in un discreto agio e la maggior parte patisce condizioni di miseria, c'è chiaramente qualcosa di sbagliato.

L'economia di mercato assume che il mercato produca sempre risultati ottimali e che la gente abbia le risorse per procurarsi un buon tenore di vita. Per misurare il benessere di una nazione, l'economia prende in considerazione solo il reddito e i consumi, escludendo molti dei problemi più pressanti che definiscono la vita moderna. Come sarebbe il mondo se si avesse una visione buddhista dell'economia, nella quale le persone fossero considerate più importanti della produzione e una vita ricca di significato fosse valutata più di uno stile di vita lussuoso? Ho cominciato a pormi questa domanda.

All'inizio le riflessioni sui metodi per indirizzare l'economia verso l'ottica buddhista mi sono state suggerite dal fatto di avere studiato buddhismo con maestri insieme acuti e compassionevoli presso il Nyingma Institute di Berkeley. Poi, non lontano da casa mia, ha aperto i battenti una sala di meditazione orientata verso il buddhismo tibetano. Un giorno mio marito e io ci siamo entrati, abbiamo ascoltato una conferenza del lama tibetano Anam Thubten Rinpoche e abbiamo cominciato a praticare la meditazione con lui. Quando ho fatto miei i fondamentali principi buddhisti dell'interdipendenza, della compassione e del retto sostentamento, mi sono chiesta: «In che modo il Buddha insegnerebbe gli 'elementi di economia'?».

Quattro anni fa, ho tradotto in pratica le mie riflessioni insegnando economia buddhista a un seminario per studenti del secondo anno a Berkeley, e l'ho fatto anche per chiarire meglio a me stessa tutte le sfaccettature dell'argomento. Gli universitari si sono appassionati al tema, ponendomi domande sulla diseguaglianza, la felicità e la sostenibilità, e insegnandomi qualcosa che avevo già intuito: non occorre essere laureati in economia o buddhisti praticanti per discutere di come la visione buddhista possa coniugare umanismo ed economia per creare benessere e felicità per tutti. Come buddhista e come docente universitaria di economia, mi unisco ai tanti colleghi che si domandano se esista un'alternativa a un sistema economico governato dal desiderio e poco attrezzato per affrontare le sfide del degrado ambientale, della diseguaglianza e della sofferenza personale.

## Trovare la felicità

Che cosa ci rende felici? Questo interrogativo ci conduce subito al cuore della differenza tra economia di mercato ed economia buddhista: la natura umana. Secondo il buddhismo, l'uomo per natura non è solo concentrato su se stesso, ma è dotato anche di generosità e altruismo. Buddha ha insegnato che tutti soffrono, sentendosi infelici e scontenti perché desiderano sempre più cose. Secondo il Dalai Lama, l'idea di non avere abbastanza e il desiderio di avere di più non nascono dall'intrinseca desiderabilità degli oggetti, bensì dalle nostre illusioni mentali. Il Buddha ci ha insegnato a porre fine alla sofferenza modificando il nostro stato d'animo, cioè cambiando noi stessi in maniera da vivere una vita ricca di significato e trovare, di conseguenza, la felicità.

L'economia di mercato sostiene che la natura umana è egoista e che tutti, pensando solo a se stessi, cercano di accrescere al massimo il proprio reddito e avere una vita che sia la più lussuosa possibile. Secondo quest'ottica, comprare e consumare, per esempio acquistare un nuovo paio di scarpe o un nuovo videogame, rende felici. Che cosa importa se presto ci si stancherà di quelle scarpe e si sarà delusi del videogame, per cui si ricomincerà ad andare in negozio ad acquistare qualcos'altro? In questo eterno ciclo del desiderio, si vogliono sempre più cose, ma non si prova mai una soddisfazione durevole. L'economia di mercato non incoraggia uomini e donne a vivere una vita ricca di significato in un ambiente salubre, né offre soluzioni ai timori di una guerra globale, alla sperequazione dei redditi e alle minacce ambientali.

L'economia buddhista, invece, offre questo genere di guida, perché incoraggia uomini e donne a rivedere sia la propria vita privata sia il sistema economico al fine di creare un mondo migliore. «Più cose possiedi, meglio è» diventa «Pratica la compassione per essere felice»; «Rendi più brillante che puoi la tua posizione sociale» diventa «Il benessere dell'uno è connesso al benessere dell'altro»; «L'inquinamento è un costo sociale che l'individuo può tranquillamente ignorare» diventa «Il benessere degli esseri umani e quello della natura sono interdipendenti».

## Non c'è tempo da perdere

I climatologi ci avvertono che non resta molto tempo per passare da un mondo tutto incentrato sul reddito e ben poco interessato ai danni ambientali a un mondo dove i gas serra siano sensibilmente ridotti. Secondo i costanti rapporti di scienziati di ogni Paese, l'attività umana provoca il riscaldamento globale e il riscaldamento globale rappresenta un danno per la vita di oggi e di domani. Eppure la maggior parte della gente pensa troppo al lavoro e al consumo per stare ad ascoltarli e prendere provvedimenti.

Nello stesso weekend di gennaio del 2015, uscirono due articoli assai diversi: in uno, pubblicato dall'autorevole rivista «Science», si leggeva che le minacce all'ambiente mettevano a repentaglio il nostro modo di vivere; nell'altro, apparso sul «New York Times», si diceva che mantenere superyacht privati, per i quali occorre un equipaggio professionista, costa milioni di dollari. L'articolo di «Science» spiegava come un'équipe internazionale composta da diciotto scienziati avesse scoperto che quattro dei nove processi biofisici terrestri essenziali al mantenimento della stabilità del pianeta erano pericolosamente compromessi dall'attività umana: l'integrità della biosfera (tasso di estinzione), i bilanci biogeochimici (ciclo fosforo-azoto), l'utilizzo umano del territorio agricolo e forestale (deforestazione e riduzione delle aree verdi di campagne e città) e i cambiamenti climatici (concentrazione di anidride carbonica nell'atmosfera). L'articolo del «New York Times» riferiva che oltre un quinto dei superyacht del mondo, in tutto cinquemila circa, era stato acquistato negli ultimi cinque anni, durante la Grande Recessione. Ho il sospetto che i lettori dell'articolo del «New York Times» siano stati molti di più di quelli di «Science»; benché sappiamo dei disastrosi danni che stiamo infliggendo alla Terra, i consumi continuano ad affascinare la gente e ad aumentare sempre più. Pulsioni materialistiche ci spingono verso la «sesta estinzione», come molti definiscono, oggi, l'estinzione di specie già in atto.

La diseguaglianza è altrettanto implacabile. In molte economie è sensibilmente cresciuta da quando, a metà anni Settanta, l'aumento dei redditi e della ricchezza ha interessato solo l'1% della popolazione, producendo ben pochi benefici alla maggior parte delle famiglie. Gli economisti ci avvertono che la diseguaglianza rallenta la crescita economica e riduce la percezione del benessere. Ma durante la Grande Recessione che è seguita al crac finanziario globale del 2008 è stata la gente comune a pagare il prezzo della crisi provocata dal potente settore finanziario, il quale si è ripreso benissimo grazie al salvataggio – il *bailout* – operato dal governo. Negli Stati Uniti, questo *bailout* è costato ai contribuenti 21 miliardi di dollari, più altri miliardi in termini di salari perduti.

La sperequazione dei redditi non è uguale in tutte le nazioni. Alcuni Paesi (come gli Stati Uniti, la Gran Bretagna, l'India e la Cina) hanno prodotto molta più diseguaglianza di altri (come molti Paesi europei e il Giappone). Questa diseguaglianza non è inevitabile: è una scelta che deriva dalla politica nazionale dei vari governi. La Danimarca e la Svezia, per esempio, hanno una tassazione progressiva e dei programmi di assistenza sociale che garantiscono a tutti non solo l'istruzione e i servizi sanitari e per l'infanzia, ma anche una rete di protezione sociale per i tempi difficili. Gli Stati Uniti, invece, hanno una tassazione molto meno progressiva e una debole rete di protezione sociale; sono quindi le aziende private a occuparsi di gran parte dell'assistenza sanitaria e dei servizi per l'infanzia.

Analogamente, i climatologi hanno dimostrato come bruciare combustibili fossili, che provocano le emissioni di anidride carbonica responsabili del surriscaldamento del pianeta, sia il risultato di svariate scelte fatte dai governi. Gli Stati Uniti hanno aggravato sia il riscaldamento globale sia la diseguaglianza, lasciando che le grandi imprese, soprattutto le industrie dei combustibili fossili e le società finanziarie, fossero i principali *player* politici. Sono state le nazioni a optare per politiche che conducono al riscaldamento globale e alla diseguaglianza, e sono oggi le nazioni a potere scegliere, volendo, di invertire la rotta.

L'espressione «economia buddhista» fu coniata per la prima volta da E. F. Schumacher in un suo libro del 1972, *Piccolo è bello: uno studio di economia come se la gente contasse qualcosa*. Schumacher previde i problemi provocati dall'eccessivo accento posto sull'aumento dei redditi, e in particolare previde il superlavoro e il calo delle risorse. Auspicava un sistema in cui si desse più valore allo sviluppo della personalità e alla liberazione dell'uomo che all'attaccamento ai beni materiali. A suo avviso, lo scopo dell'economia buddhista è «il massimo benessere con il minimo consumo».

Io ho cercato di ampliare la visione di Schumacher per adattarla a un mondo che non si poteva ancora immaginare nel 1973, e auspico un'organizzazione economica in cui tutti abbiano una vita ricca di significato, si curino gli uni degli altri e condividano le risorse globali in maniera sostenibile. Buddha insegna che la vera felicità non proviene dal mondo esterno; non deriva dalla fama, dal consumo, dagli amici o dal potere. Troviamo la vera felicità in noi stessi quando ci arrendiamo al grande ignoto, maturiamo amore e compassione per tutti e diventiamo consapevoli di ogni momento prezioso della vita.

Stiamo sbagliando sia a livello personale sia a livello nazionale e bisogna che ci svegliamo e passiamo all'azione. Per farlo non è necessario indossare il saio e smettere di vivere una vita comoda, interessante e gratificante. Dobbiamo solo creare, esaminare e vagliare i valori che riteniamo giusti, per organizzare un nuovo sistema economico che si ispiri a essi e che si sviluppi in maniera efficiente, garantendo una vita ricca di significato a tutti e tutelando nel contempo il pianeta. L'economia buddhista ci guiderà lungo questa strada.

## L'economia buddhista non si addice solo ai buddhisti (o agli economisti)

Come ho appreso tenendo il seminario agli studenti del secondo anno a Berkeley, non occorre essere buddhisti per adottare una visione buddhista dell'economia. Basta condividere con il Dalai Lama la convinzione che la natura umana sia mite e compassionevole e fare propria l'idea che l'economia, superando il materialismo egoistico, possa diventare una forza volta al bene.

Nel predicare la bontà e la compassione, il buddhismo non si discosta dalle altre principali religioni. Il cristianesimo, l'Islam, l'induismo e l'ebraismo hanno tutti una propria versione della regola aurea «non fare agli altri quello che non vorresti fosse fatto a te». Come insegna il Dalai Lama: «Tutte le religioni sottolineano la necessità di migliorarsi, di amare, rispettare gli altri, solidarizzare con le altrui sofferenze», e tutte le principali religioni cercano di aiutarci a conquistare una felicità durevole.

Il buddhismo si distingue dalle altre religioni soprattutto perchè non postula l'esistenza di un dio esterno: ognuno è considerato sacro e ognuno ha il proprio Buddha interno, che è il vero, perfetto sé da cui derivano amore, compassione e saggezza inesauribili.

Molte persone, in tutto il mondo, hanno letto qualche testo buddhista e provato a meditare, e in genere anche quelle che decidono di non praticare ne approvano i principi fondamentali. Per esempio Gretchen Rubin, autrice del bestseller *Progetto felicità*, scrive: «Dovevo trovare il modo di indirizzare la mente verso il trascendente e l'eterno, allontanandomi dall'immediato e dal vuoto... per apprezzare la bellezza del momento presente... anteporre la felicità degli altri alla mia. Troppo spesso questi valori eterni si perdono nella confusione della routine quotidiana e degli interessi egoistici». Chiunque creda a questi principi e affronti la vita con generosità di cuore e curiosità intellettuale può trarre beneficio dalla visione buddhista.

L'interdipendenza tra esseri umani e tra esseri umani e natura non significa omologazione o arrendevolezza. Non è che dobbiamo rinunciare alla nostra specifica personalità, che ci aiuta ad affrontare la vita nel mondo. Semmai, essere connessi con gli altri vuole dire essere consapevoli di ogni prezioso momento della vita, oltre che dei propri sentimenti e delle loro conseguenze sul prossimo. Essere buddhisti significa stare in continuo contatto con la propria natura autentica, ovvero non essere motivati dal sé, il quale fomenta ogni giorno sentimenti inveterati di paura, colpa, vergogna, avidità, gelosia, odio e via dicendo. Giudicare in continuazione se stessi e gli altri, essere attaccati agli oggetti e alle relazioni e animati dal costante desiderio di avere di più del proprio prossimo, ignorare le sofferenze che si causano agli altri e alla natura con un certo stile di vita, sono tutte cose che provocano dolore e rendono infelici. Se invece si impara a conoscere se stessi e a essere in ogni momento della giornata consapevoli degli altri e del mondo, il rimpianto del passato e le preoccupazioni per il futuro si dissolveranno. Ci si desterà alla magia del momento e, finita la sofferenza, si troverà la felicità.

Quando ci sentiamo scontenti, in questo contesto materialistico ed egocentrico, usiamo strategie che producono una momentanea distrazione e forse perfino brevi periodi di felicità. Magari usciamo a comprarci nuovi vestiti o facciamo un nuovo gioco sull'iPhone o guardiamo in streaming un programma televisivo di nostro gradimento. In un mondo buddhista, invece, la persona che prova dolore siede tranquilla e cerca di allontanare da sé le sensazioni e le illusioni che provocano la tristezza, oppure parla con un amico che capisce il suo dolore o si gode un pranzo in famiglia. Invece di cercare di sfuggire all'infelicità e allo scontento, si osserva quello che succede e si trova il modo di apprezzare ciò che è importante nella vita. Ogni momento è troppo prezioso perché lo si sprechi in sofferenze autoinflitte, e si può usare la consapevolezza per godersi in pieno la vita senza avere come costante parametro il consumismo.

## Praticare la *mindfulness*

A livello personale, molti traggono beneficio dalla pratica della *mindfulness*, uno stato di attenzione vigile della coscienza che consiste nell'osservare le cose senza giudicarle, con il corpo rilassato, la mente calma, il cuore compassionevole. Di solito le persone praticano la «meditazione *mindfulness*» sedute su una sedia o su un cuscino. Qualcuno invece preferisce fare yoga o tirare con l'arco, tutte attività che consentono di vivere appieno il momento presente.

Nel nuovo millennio, la pratica della *mindfulness* ha avuto molto successo negli Stati Uniti. Titoli sulla meditazione *mindfulness* compaiono sulle copertine delle riviste più disparate, da «Parade» (2015) a «Time» (2014), da «National Geographic» (2006) a «Scientific American» (2014). La meditazione *mindfulness* è lodata da una newsletter della Harvard Medical School, anche perché si è dimostrato che aumenta l'attività cerebrale e ha altri benefici effetti sulla salute. Il Greater Good Science Center dell'Università della California a Berkeley ha prodotto un paio di brevi, divertenti video che mostrano come la meditazione modifichi il cervello in maniera da accrescere il senso di felicità. Guardateli, se volete trovare ispirazione. Molti affermano di essere più sereni da quando praticano la meditazione *mindfulness*: si sentono meno separati dagli altri e più connessi con il mondo da quando, spostando l'ottica «dall'io al noi», hanno capito che le loro precedenti convinzioni non rappresentavano davvero la realtà.
Da alcune indagini risulta che le pratiche di meditazione dei monaci modificano il funzionamento del cervello, incrementando l'attività cerebrale della corteccia insulare destra e della corteccia cingolata anteriore di entrambi gli emisferi. Nel corso di altre ricerche si è rilevata nei monaci neuroplasticità, segno di come le lunghe pratiche di meditazione buddhista abbiano alterato sia la struttura sia la funzione dell'encefalo.
Si insegnano varie tecniche di meditazione *mindfulness* e anche i prezzi delle lezioni variano molto, ma non occorre andare fuori casa per fare pratica. Prendete una sedia comoda o un cuscino, e sedete tranquilli con la schiena diritta e le mani in grembo o sulle ginocchia.

Concentratevi sul respiro, sull'aria che vi entra nelle narici, e mentre lo fate rilasciate i muscoli delle spalle e ascoltate l'intero corpo rilassarsi. Smettete di pensare. Se vi nasce un pensiero, non seguitelo né giudicatelo, ma aspettate che sparisca. Seduti tranquilli, lasciate che le vostre illusioni sulla vita si dissolvano. Abbandonate ogni rimpianto del passato, perché il passato è finito. Abbandonate ogni pensiero ossessivo sul futuro, perché il futuro non è ancora arrivato. Godetevi il prezioso momento presente. Sprofondate nella serenità.

Nei miei seminari sull'economia buddhista, a ogni lezione sediamo in silenzio per cinque-dieci minuti, e gli studenti ritengono la meditazione *mindfulness* uno degli insegnamenti più profondi. Suggerisco loro, quando si trovano in una situazione stressante, di sedere tranquilli su una sedia o un cuscino e di placare la mente per alleviare il dolore e pensare con maggior lucidità.

A un certo punto gli studenti dovevano consegnarmi il loro diario e una di loro, Joan, mi scrisse una lunga e-mail in cui, lamentando il cattivo funzionamento del suo computer, concludeva: «Sto diventando matta e volevo chiederle se posso mandarle il file con il diario un po' più tardi del previsto, oggi. Come le ho detto, il file è pronto, ma ho solo bisogno di procurarmi un nuovo caricabatterie per poterglielo mandare».

Risposi:

*Rilassati, respira*
*e sappi che risolverai i tuoi problemi.*
*Consegnami pure il diario quando il computer*
*avrà ripreso a funzionare.*

Joan mi scrisse allora: «Non appena le ho inviato l'e-mail, mi sono ricordata che ci aveva raccomandato di sedere tranquilli per cinque minuti quando succede qualcosa di stressante. L'ho fatto e, ah, mi sento molto meglio!».
Quanto a me, ogni giorno siedo in meditazione dai venti ai trenta minuti. Questa pausa mi aiuta a entrare in contatto con me stessa e a liberarmi dei pensieri egotistici e giudicanti che inevitabilmente mi vengono, e dello stress e del dolore di cui sono carichi. La meditazione *mindfulness* mi fa riposare la mente e mi permette di ristabilire l'equilibrio. Provate anche voi. Cominciate con il dedicare alla meditazione dai cinque ai dieci minuti al giorno. Studiate il vostro modo di sentire e di funzionare. Quando avrete imparato a rilassarvi e calmarvi, potrete meditare dappertutto, in metropolitana come sulla spiaggia, a casa come lungo un sentiero nel parco.
Siamo in tanti a volere una vita più ricca di significato e a voler fare qualcosa per salvare il pianeta. Che cosa ci trattiene, dunque?
A mio avviso, sono tre i fattori che più ci ostacolano.
Primo, il nostro continuo «daffare». Nessuno di noi ha abbastanza tempo per sbrigare tutte le cose della lista delle incombenze. Lavoro, famiglia, amici, comunità sono tutti elementi importanti per noi, cui dedichiamo tempo e talento e cui è destinata buona parte delle nostre energie. Spero che questo libro vi aiuti a capire come liberarvi degli impegni gravosi e concentrarvi appieno su ciò che ritenete davvero importante.
Secondo, la nostra tendenza alla negazione. Per passare dall'economia di mercato all'economia buddhista occorrono coraggio e determinazione. L'idea di vivere una vita ricca di significato non si concilia molto con l'idea

di vivere una vita all'insegna del «successo». Affrontare i cambiamenti climatici rappresenta una minaccia per due concetti cui molta gente è saldamente attaccata: il libero scambio e il progresso inarrestabile. Negare che esista il problema dell'ambiente è uno dei modi per mantenere lo status quo, ma a lungo andare mostra la corda. Terzo, la nostra ignoranza. Per capire quale sia il prezzo di questa smania del mercato e di quale danno il nostro stile di vita stia recando all'umanità e al pianeta bisogna che ci educhiamo e che cambiamo modo di vivere. Non è certo un'impresa facile, ma abbiamo questa responsabilità morale verso noi stessi e verso gli altri. L'economia buddhista ci dice che, reagendo contro lo status quo, diventeremo più felici.

I tre fattori che ho appena nominato potrebbero ostacolarvi anche nel vostro proposito di leggere questo saggio. Forse siete così indaffarati che non avete il tempo di leggerlo, tanto meno di riflettere su che cosa sia importante per voi e compiere passi per riorganizzarvi la vita. Forse pensate che l'economia di mercato sia giusta e scaglierete il libro contro il muro. Forse vi piace vivere nell'ignoranza e preferite che a salvare il pianeta ci pensi qualcun altro, mentre vivete una vita tutta all'insegna del successo materiale e degli status symbol da esibire.

Però magari cercate qualcosa di più dei beni materiali. Conosco molte persone che hanno già scelto di vivere una vita ricca di significato in armonia con la natura. Ho scritto questo libro per loro, e anche per quelli che vogliono saperne di più su questo tipo di scelta. Abbiamo la capacità di superare l'etica del consumo, di stabilire con gli altri relazioni solidali e compassionevoli e di vivere in armonia con l'ambiente naturale. Cominciamo a farlo.

Capitolo primo

# PERCHÉ OCCORRE UN MODELLO ECONOMICO OLISTICO

*Nel mondo moderno, molti esempi dimostrano che questa dottrina del libero scambio e della ricerca del proprio interesse ha nuociuto alla società.*

Joan Robinson, docente a Cambridge, 1977

*Sul versante valutativo, l'approccio qui utilizzato mette al proprio centro una base fattuale che lo differenzia da posizioni di etica pratica o politica economica più tradizionali, come il primato concesso dagli «economicisti» a reddito e ricchezza (anziché al tipo di vita vissuto dagli esseri umani e alle libertà sostanziali).*

Amartya Sen, premio Nobel 1998 per l'Economia, *Lo sviluppo è libertà*

Che cosa rende la vita degna di essere vissuta?
Se lo chiedete agli economisti, vi risponderanno in base all'idea che hanno del funzionamento dell'economia e ai criteri di valutazione della performance economica. Nel modello dell'economia di mercato, il benessere di un individuo è valutato in termini di «utilità» (soddisfazione), la quale a sua volta è valutata in termini di reddito, mentre il benessere di un Paese è stimato in termini di pro-

dotto interno lordo e di reddito complessivo. Il mercato giudica la performance di una nazione in base alla velocità con cui il suo reddito aumenta, ma non si cura della distribuzione del reddito al suo interno.

Nella visione economica buddhista, poiché gli individui dipendono gli uni dagli altri e dalla natura, il benessere si misura in base al buon funzionamento degli esseri umani e dell'ambiente, e l'obiettivo è ridurre al minimo la sofferenza dei primi e i danni al secondo. Si parte dal presupposto che tutti abbiano diritto a una vita confortevole, in cui sia garantito l'accesso a vitto, alloggio, assistenza sanitaria, istruzione, sicurezza e diritti umani. Il benessere di un Paese si misura in base all'aggregazione del benessere di tutti i residenti e della salute dell'ecosistema.

In parole povere, il modello dell'economia di mercato valuta la prosperità in termini di aumento del reddito medio pro capite e del prodotto interno lordo, mentre il modello buddhista valuta la prosperità guardando alla qualità della vita di tutta la popolazione e alle condizioni ambientali sane.

Questa risposta sommaria non tiene conto dei «se» e dei «ma» che accompagnano sempre le teorie economiche. Per capire a fondo la questione, bisogna confrontare le due ottiche e vedere come ciascuna ritenga funzioni il mondo.

Il modello del libero scambio assume che i mercati siano competitivi e strutturalmente adatti a produrre ottimi risultati sociali. Gli individui, che dispongono di tutte le informazioni necessarie, decidono in maniera razionale. Siccome le aziende non hanno il potere di mercato di stabilire i prezzi, i profitti non superano mai i limiti dati da un basso livello di competizione. Siccome è il

mercato a stabilire i prezzi, l'offerta è pari alla domanda e le economie nazionali funzionano senza che i profitti siano eccessivi e senza che la forza lavoro o i capitali siano sottoutilizzati: tutti sono trattati equamente.
Questi assunti si basano sulla convinzione che la gente spenda i suoi soldi saggiamente e sia soddisfatta dei propri acquisti. Qualunque cosa un individuo decida di comprare è ottimale, perché solo lui sa che cosa gli serve. L'economia di mercato incoraggia molto l'individualismo, una libertà basata sull'egocentrismo e la spinta a comprare sempre di più. Prendere un altro drink, comprare un altro paio di scarpe, provare un altro gioco elettronico, mangiare fast food a cena, fare qualunque cosa si desideri fare. «Comprare impulsivamente», come mettere nel carrello biscotti quando si ha fame e/o comprare con un clic qualcosa che si è visto pubblicizzare online, è considerato razionale come qualsiasi altra decisione. Non si dice che, facendo simili scelte impulsive, la gente è stata sviata dalla pubblicità o da una brutta giornata sul lavoro, perché si parte dal presupposto che tutti siano coerenti con i propri valori e saggi nelle proprie decisioni.
Inoltre, l'economia di mercato non si cura né delle diseguaglianze né del benessere di chi non ha i soldi per «votare» sul mercato. I mercati distribuiscono beni e servizi solo a chi ha soldi da spendere. I poveri sono quasi sempre esclusi, mentre i ricchi dominano i mercati perché dominano i consumi. Anche se si tiene molto a una certa cosa, come mangiare frutta fresca o andare da un bravo dottore, lo si può fare solo se si hanno i soldi per pagare il bene o il servizio.
Sappiamo che l'economia buddhista e l'economia di mercato usano criteri assai diversi per giudicare le po-

litiche economiche che vengono proposte per accrescere il benessere sociale. L'economia di mercato usa la semplice regola dell'«ottimo di Pareto», secondo la quale, in un contesto di libero scambio, non è possibile accrescere il benessere di un individuo senza ridurre quello di almeno un altro individuo. Una strategia economica non supera il test dell'ottimo paretiano se alcuni soggetti guadagnano e nessuno perde. In netto contrasto con questa impostazione, l'economia buddhista punta a ottenere un risultato ottimale olistico e valuta una strategia in base a quanto essa riduca il livello di sofferenza. Se si allevia la sofferenza di chi vive una vita di miseria e infelicità, si incrementa il benessere di tutti. Poiché, secondo il modello dell'economia di mercato, il trasferimento di reddito dai ricchi ai poveri non migliora i risultati economici, un dollaro trasferito dal conto del miliardario Bill Gates a una bambina affamata di nome Jane non è un ottimo paretiano. Jane starebbe meglio, ma Gates starebbe peggio. Per l'economia di mercato, un soldo speso dai ricchi è come un soldo speso dai poveri, sotto il profilo del benessere sociale.

Secondo il modello dell'economia buddhista, invece, i trasferimenti di reddito dai ricchi ai poveri migliorano i risultati economici, perché il benessere degli individui è interconnesso. Maggiori entrate aiutano i poveri a pagare beni e servizi fondamentali, e questo a sua volta allevia la sofferenza e migliora la salute, l'istruzione e il destino dei figli, mentre i ricchi riducono il consumo di beni di lusso che li separa dagli altri; in altre parole, vi è un aumento di benessere per tutti. Il filosofo Peter Singer auspica trasferimenti di reddito globali, affermando che non è giustificabile acquistare un bene di

lusso se si pensa che con quei soldi si potrebbe salvare una vita umana.
Il neoliberismo, fulcro della dottrina della Scuola di Chicago, ha dominato il pensiero economico dagli anni Settanta alla fine del ventesimo secolo. I problemi dell'equità e della giustizia sono stati messi in secondo piano (o lasciati in appannaggio alla sociologia). In sostanza, il neoliberismo sostiene che qualsiasi interferenza con il «libero» mercato competitivo serva solo a impoverire la società, e punta tutto sulla massimizzazione del reddito medio, ignorando i problemi dell'equità e della giustizia.
Oggi i politici conservatori continuano a esaltare questo modello e gli studenti universitari continuano a studiarlo nei loro «elementi di economia». Ma molti economisti se ne sono allontanati e fanno attualmente riferimento a teorie che hanno una visione del mondo più realistica, come quelle che sono tornate a sottolineare l'importanza dell'equità economica.
Al momento attuale, l'etica sta ricomparendo in economia dopo un'assenza di mezzo secolo, e le indagini sulla diseguaglianza, la povertà e la discriminazione sono tornate al centro dell'attenzione. Con i loro studi rivoluzionari, alcuni dei maggiori economisti del mondo, come George Akerlof, Angus Deaton, Paul Krugman, Thomas Piketty, Emmanuel Saez, Amartya Sen e Joseph Stiglitz, auspicano politiche che incoraggino sistemi economici più equi, giusti e sostenibili. Anthony Atkinson, Samuel Bowles e Jeffrey Sachs esortano in maniera esplicita a includere l'etica nell'economia e spiegano come farlo.
L'ottica buddhista si basa su questi modelli più ampi di economia, quali l'*asimmetria informativa* (alcuni sono

più informati di altri), l'*economia comportamentale* (i consumatori non sono «razionali» nel prendere le loro decisioni), il *reddito relativo* (le singole preferenze dipendono dalle norme sociali e dal confronto tra il proprio reddito e quello altrui), l'*altruismo* (alla gente importa quanto succede agli altri), le *disfunzioni del mercato* (le aziende non pagano per il fatto di inquinare e i settori di attività in genere non sono competitivi, ma sono controllati da poche industrie), la *capacitazione umana* (la capacità di funzionare nella vita quotidiana determina il benessere) e l'*azzardo morale* (le società finanziarie accumulano profitti senza curarsi delle conseguenze negative, per gli altri, delle loro operazioni).

Basandosi su queste nuove tendenze del pensiero economico, il modello buddhista arriva a politiche e risultati assai diversi da quelli dell'economia di mercato. Di fatto, ha una posizione diametralmente opposta a quella del neoliberismo nello spiegare come l'economia possa assicurare prosperità, giustizia e sostenibilità. Quando avremo superato il principio secondo il quale, per quante cose si abbiano, se ne vogliono ancora di più e averne di più è sempre un bene, potremo valutare la performance economica in maniera olistica. Per l'economia buddhista sono importanti la tutela dell'ambiente, le condizioni dello spirito umano e la qualità della vita dell'intera popolazione. Quando cominceremo a valutare la crescita economica anche in base a questi valori, saranno nuovi parametri del benessere a guidarci nell'operazione di cambiare il mondo.

È assai probabile che alcuni economisti non rinvengano in questo saggio sufficiente rigore e che alcuni buddhisti non vi rinvengano sufficiente *dharma*, ma non

l'ho scritto per loro. Attingendo alle migliori teorie economiche e ai migliori precetti buddhisti del mondo contemporaneo, mi sono posta l'obiettivo di incoraggiare il dialogo tra tutti coloro che, nel mondo, auspicano una vita ricca di significato per l'intera popolazione, su un pianeta dall'ecosistema sano e fiorente.
Spero che persone con esperienze di vita e competenze professionali diverse discutano insieme di come creare un'economia globale che fornisca prosperità, equità e sostenibilità, ponendo così fine alla sofferenza. Che siate cristiani, ebrei, induisti, musulmani o atei, leggete queste riflessioni e pensate a come l'economia possa contribuire a rendere la vita più equa, significativa e sostenibile.
Mi auguro possiamo vivere tutti in un mondo prospero, compassionevole e in armonia con la natura.

Capitolo secondo

# CHE COS'È L'ECONOMIA BUDDHISTA?

*In linea di principio, l'economia dovrebbe contribuire a dare [all'umanità] gli strumenti per una concreta crescita individuale e sociale, anziché proporsi solo come mezzo per stimolare bisogni egoistici, fomentare contese o provocare squilibri e insicurezza negli innumerevoli ecosistemi del pianeta. L'etica, e il comportamento che inevitabilmente ne deriva, contribuisce alle cause e alle condizioni che portano a definire chi siamo e in quale tipo di società e di ambiente viviamo.*

Prayudh Payutto, *Buddhist Economics*

Affrontiamo innanzitutto l'arduo problema di come conciliare l'impostazione spirituale del buddhismo con quella concettuale dell'economia. Va anzi premesso che la stessa espressione «economia buddhista» è un ossimoro. Il buddhismo è una dottrina spirituale, non concettuale, mentre l'economia si fonda sui concetti.

La distinzione buddhista tra verità relativa e verità ultima ci darà modo di aggirare il problema. Come insegna Khyentse Rinpoche, la verità relativa riguarda pratiche quotidiane come la *mindfulness*, la non violenza, la meditazione, il vegetarianismo e così via, mentre la verità ultima va al di là di ogni teorizzazione e non può essere descritta. Le verità relative, pur non essendo quelle supreme, sono utili nella vita quotidiana e studiarle è assai proficuo. In questo libro, uso le verità relative come guida buddhista alla vita quotidiana.

## I tre principali elementi dell'ottica buddhista in economia

Il fulcro della dottrina buddhista nell'affrontare il problema del sistema economico è l'interdipendenza. Secondo il buddhismo, noi esseri umani siamo una cosa sola e la nostra interdipendenza si estende alla natura e a tutte le creature. L'interdipendenza rappresenta la strada che conduce a una vita felice a livello individuale, e alla messa a punto di politiche atte a garantire un'esistenza prospera e sostenibile a livello sociale. Abbiamo tutti la stessa fondamentale motivazione – essere felici – e questo ci rende simili e uguali.

Secondo l'approccio buddhista all'economia, l'interdipendenza si esprime in tre modi: primo, bisogna usare le risorse per migliorare la qualità della vita nostra e del nostro prossimo; secondo, bisogna introdurre in tutte le attività umane il rispetto per la natura e per l'ambiente; terzo, bisogna ridurre la sofferenza umana e avere un atteggiamento compassionevole a livello sia locale sia globale.

La prima interdipendenza sottolinea la necessità di superare il proprio sé (o io) e l'impulso del sé a massimizzare il proprio benessere (leggi egoismo), che è alla base dell'economia di mercato. Anche altre filosofie orientali, come l'induismo, pongono l'accento sull'interdipendenza universale e sulla necessità di superare il costrutto mentale di un sé separato. Del resto, anche alcuni filosofi occidentali, come David Hume e Friedrich Nietzsche, condividono l'idea che non vi sia un sé separato o che il concetto di sé sia irrilevante.

La seconda interdipendenza parla della nostra relazione con l'ambiente. Poiché dipendiamo dalla natura, dobbiamo misurare sia il valore di tutte le risorse che usiamo, sia i danni che provochiamo nel momento presente come in quello futuro. Se danneggiamo l'ambiente, danneggiamo noi stessi. L'inquinamento non è più considerato un «bene liberamente disponibile» come lo è nell'economia di mercato, dove i privati e le industrie non pagano se inquinano l'aria, l'acqua o la Terra.

Nel 1971, Barry Commoner, fondatore della moderna ecologia, convertì il concetto di interdipendenza in una delle quattro leggi dell'ecologia: «Tutto è connesso a tutto il resto. Vi è un'unica ecosfera per tutti gli organismi viventi e quello che influisce su uno, influisce su tutti».

Quando si parla di politiche per ridurre le emissioni di anidride carbonica, proteggere le specie a rischio o preservare fiumi, laghi e falde acquifere, il principio dell'interconnessione con l'ambiente porta a una valutazione economica diversa da quella della tradizionale analisi costi-benefici. L'economia di mercato assume si possano accettare danni ambientali di ogni genere, purché il beneficio per la popolazione sia grande almeno quanto i costi. Le future generazioni non hanno voce in capitolo, se non nel senso che oggi si tende a includere il valore del danno ai posteri nel calcolo dei costi. Tuttavia, la gente è perlopiù miope e restia a pagare per i beni pubblici, e spesso quindi sottovaluta i benefici e sopravvaluta i costi delle operazioni di tutela dell'ambiente. Questa tendenza fa sì che le analisi economiche non siano obiettive e considerino con favore attività come costruire dighe nei fiumi, inquinare baie, riversare anidride carbonica nell'atmosfera e distruggere barriere coralline.

Noi fautori dell'economia buddhista, invece, riteniamo che le future generazioni siano importanti quanto quelle attuali e che lo siano anche gli ecosistemi naturali, per cui teniamo molto a non inquinare l'atmosfera e a preservare la biodiversità. Per dirla in linguaggio economico, il modello buddhista afferma che gli ecosistemi naturali hanno bisogno di tutela e di una *sostenibilità forte*. L'economia di mercato, invece, opta per la *sostenibilità debole*, cioè assume che l'uso delle risorse naturali (capitale naturale) sia intercambiabile con l'uso delle macchine (capitale artificiale) o con il capitale umano nel processo di produzione. Questa visione miope porta al disastro ecologico.

La terza interdipendenza dell'economia buddhista ci dice che la sofferenza del singolo individuo è connessa con la sofferenza di tutti. Questo cerchio della sofferenza comprende persone che non abbiamo mai conosciuto, anche se magari indossiamo i vestiti, mangiamo gli alimenti o giochiamo con i congegni da loro fabbricati. «Occhio non vede, cuore non duole» non è più una buona scusa per comprare a basso prezzo scarpe da corsa high-tech fatte da una bambina di dieci anni che lavora dieci ore al giorno in una fabbrica cinese. Sia che vivano dall'altra parte della città sia che vivano dall'altra parte del mondo, deve starci a cuore la sofferenza di famiglie poverissime, cui manca l'essenziale sotto il profilo della salute e della dignità della vita.

L'interdipendenza ci assegna un mandato molto importante. Non possiamo più considerarci individui separati dagli altri, che pensano solo a massimizzare il proprio benessere. Cerchiamo di liberarci dalla nostra stessa sofferenza e aiutiamo ad alleviare quella degli altri. Il personale è connesso con il nazionale e il globale. Gli obiettivi dell'individuo e della comunità si devono fondere per confluire nel comune obiettivo di promuovere il benessere di tutti.

Sembrano discorsi utopistici e poco concreti. È davvero possibile trovare il modo di conciliare l'economia buddhista con la cultura materialistica occidentale? Possiamo davvero riformare il sistema economico in maniera da fargli adottare nuovi valori? La mia risposta a entrambe le domande è sì, e nel corso del libro illustrerò i principi dell'economia buddhista sia a livello individuale (come avere una vita felice e ricca di significato) sia a livello sociale (come i governi possono attuare politiche che offrano benefici a tutti in maniera sostenibile).

Nella visione buddhista, si vorrebbe che l'economia non fosse più «la scienza triste». Fu Thomas Carlyle, nel 1849, a coniare questa espressione, che ha resistito nei secoli. Così venne definita perché l'economia è la scienza della scarsità, dove pochissimi soddisfano i loro desideri o anche solo i loro bisogni fondamentali. E in effetti l'economia globale dà troppo poco alla maggior parte della popolazione, mentre offre uno stile di vita lussuoso a una piccola percentuale di persone. Non è detto, però, che questo stato di cose continui. L'economia globale può e deve garantire prosperità, giustizia e felicità a tutti, in un ambiente sostenibile.

## La felicità

Tutti vorremmo essere felici, ma mentre vaghiamo alla ricerca della felicità ci sentiamo sopraffatti dagli impegni di lavoro, di famiglia, di relazione. Ci preoccupiamo del nostro aspetto, ci tormentiamo per gli errori che abbiamo fatto, ci industriamo a spuntare le nostre lunghissime liste delle incombenze. Siamo afflitti da ansia, tormento, rimpianto.

Perché è così difficile essere felici? Molti di noi non sono nemmeno sicuri sia possibile una felicità durevole, perché hanno l'impressione che quel sentimento sia fugace: va e viene.

Felicità, per l'economia di mercato, significa cercare il piacere personale ed evitare il dolore. Si ritiene che per essere felici si debba guadagnare soldi e comprare cose che fanno, almeno al momento, stare bene. Questa *felicità edonistica* si misura attraverso il giudizio dell'individuo, il quale valuta al momento, soggettivamente, se la sua vita sia gratificante.

L'economia buddhista parte da un'altra ottica. Condivide la visione di Aristotele, secondo il quale la felicità consiste nel realizzare la propria natura e nel vivere una vita degna e virtuosa. Questa *felicità eudemonistica*, come la definivano i greci, auspica che le persone realizzino tutto il loro potenziale e vivano una vita al servizio degli altri e della comunità. «Felice sembra essere la vita secondo virtù», insegna Aristotele nell'*Etica Nicomachea*, pur se sono necessari «i mezzi necessari al vivere» e una certa tranquillità materiale, giacché «noi affrontiamo i disagi per esser poi in agiatezza». Ma «la felicità perfetta», conclude, consiste nella «attività contemplativa».

Buddha insegnò ad alleviare la sofferenza, nostra e altrui, e il Dalai Lama ha tradotto questi principi nell'arte di vivere una vita gioiosa e ricca di significato. Il guadagno materiale, avverte il Dalai Lama, si basa sull'assunto errato che ciò che compriamo «possa di per sé darci tutta la soddisfazione che cerchiamo», mentre «la vera felicità è caratterizzata dalla pace interiore e nasce nel contesto delle nostre relazioni con gli altri».

Nell'ottica buddhista, la gente si sforza di agire secondo l'etica, che impone di rispettare le esperienze e le aspettative di felicità degli altri. Si provoca per esempio un danno quando, con le parole o con le azioni, si suscitano nel prossimo sentimenti di rabbia, colpa, paura, vergogna, avidità o altre passioni che rappresentano un veleno per l'anima (e sono chiamati *klesha* nel buddhismo).

La felicità edonistica ben si adatta al nostro mondo materialista orientato verso gli obiettivi. Inseguiamo i nostri sogni di grande ricchezza, grande potere, grande sesso o grande gloria sportiva nella convinzione che ci procureranno una felicità durevole. Il nostro acquisto, la nostra promozione o la nostra relazione amorosa ci danno un senso di euforia, ma quell'euforia presto sfuma e ci mettiamo di nuovo alla ricerca del successivo sballo. Le nostre abitudini mentali ci rendono infelici e scontenti della vita, e la nostra anima è di nuovo sopraffatta dai «cinque *klesha*»: il desiderio o attaccamento, l'odio o aggressività, l'illusione, l'orgoglio e l'invidia.

La felicità interiore è uno degli obiettivi dell'economia buddhista. Il buddhismo sostiene che raggiungiamo la vera libertà e la vera pace solo quando abbandoniamo l'abitudine mentale di reagire con bramosia agli stimoli esterni («Devo assolutamente comprarlo!»; «Devo vincere questa gara!»; «Devo conquistare il primo posto!») e con avversione alle forze esterne («Non posso sopportare questa cosa!»; «Devo eliminare questa cosa!»; «Devo liberarmi di questa cosa!»). Il buddhismo, invece, suggerisce di placare la mente, godere della bellezza quando si va a fare una passeggiata, gustare il cibo quando si mangia, stabilire una relazione più stretta con i propri amici.

L'atteggiamento verso il dolore mette in risalto la differenza tra queste due distinte visioni della felicità. Per ottenere la felicità edonistica, dobbiamo rifuggire dal dolore e per farlo compriamo oggetti o beviamo alcol. L'economia buddhista riconosce che il dolore fa parte della vita e che l'importante è come si reagisce agli eventi dolorosi, siano essi una piccola ferita accidentale o la morte di una persona cara. I buddhisti praticanti si spingono ancora più in là e considerano il dolore un modo di praticare e coltivare la *mindfulness*, lo stato di attenzione vigile che consente di godere dell'attimo presente senza giudicarlo.

Il «Sutra delle due frecce» ci mostra come reagire al dolore con attenzione vigile. Una freccia ci colpisce e ci causa dolore fisico o mentale. Se reagiamo con grande agitazione, lamentando il dolore, veniamo colpiti da una seconda freccia, stavolta di dolore spirituale. La seconda freccia è stata creata dalla nostra stessa reazione negativa, che ci ha procurato ancora più sofferenza. Se invece la reazione alla prima freccia è di rimanere calmi e pazienti, non vi sarà una seconda freccia. Come scrive il grande maestro Shantideva:

*Se c'è un rimedio quando un guaio*
*ci colpisce, che motivo c'è di abbattersi?*
*E se non c'è alcun rimedio, a che serve*
*rattristarsene?*

*Non mi tormenterò per queste cose:*
*farlo aggrava solo il problema.*

La visione buddhista ritiene non vi sia nulla di intrinsecamente nobilitante nella sofferenza. Non si trae alcun guadagno diretto dal dolore o dal senso di colpa. Possiamo sempre imparare dall'esperienza e fare ammenda se abbiamo recato danno a qualcuno, un atto, questo, che nobilita e genera felicità.

## Il comportamento individuale nell'economia buddhista

L'economia buddhista fa riferimento alle «quattro nobili verità» che ispirano il comportamento individuale. Buddha spiegò che: (1) tutti gli esseri umani soffrono; (2) il dolore è causato dall'ignoranza e dal desiderio; (3) si può far cessare il dolore; (4) l'ottuplice sentiero consente di vivere senza soffrire. Buddha capì che le persone soffrono inutilmente in quanto sono disgiunte dalla loro vera natura, e che possono porre fine alla sofferenza rinunciando al senso di separatezza e alle illusioni.

L'ottuplice sentiero comprende tre modalità interconnesse che riguardano direttamente le attività economiche: retto agire, retto mezzo di sostentamento, retto vivere. Poiché ciascuna attività di questo ottuplice sentiero circolare sorregge le altre sette, tutte e otto fanno parte della vita quotidiana. Le tre attività economiche sono così connesse: *retta azione* significa fare tutto con attenzione vigile e spirito compassionevole, senza nuocere né a se stessi né agli altri; tale prassi si accompagna al *retti mezzi di sussistenza*, che consiste nel guadagnarsi da vivere senza nuocere agli altri e nel contempo coltivare le proprie buone qualità; queste buone qualità, a loro volta, determinano il *retto sforzo*, che consiste nel coltivare le caratteristiche sane dello spirito, come la generosità, la gentilezza amorevole e la saggezza, e nell'eliminare quelle malsane e negative, come l'avidità, la rabbia e l'ignoranza.

La personalità e lo stile di vita conservano un ruolo nell'economia buddhista, purché includano attività quotidiane volte ad aiutare il prossimo e ad alleviarne la sofferenza. Se si è stati fortunati nella vita, è giusto dare qualcosa agli altri anziché attaccarsi sempre più ai beni materiali. Invece di correre a comprare prodotti per conquistarsi un'effimera felicità, fermiamoci a contemplare le conchiglie in spiaggia, goderci lo spettacolo dei fiori primaverili in un prato, guardare i cani rincorrersi in strada, assaporare i tanti colori e forme che ci circondano. Concediamoci il piacere di ascoltare o suonare musica. Dipingiamo o fabbrichiamo oggetti di ceramica per la casa. Cuciniamo bei pranzetti per la nostra famiglia e gli amici. La natura umana è fatta sia di pulsioni egoistiche (egocentrismo e cura di se stessi) sia di pulsioni altruistiche (cura e rispetto degli altri). Le opinioni divergono riguardo al grado di egoismo o altruismo della natura umana. Gli economisti tendono ad assumere che l'uomo sia egoista, ma secondo Bowles l'umanità ha sviluppato col tempo istinti di cooperazione e sentimenti morali che servono ad assicurare la sopravvivenza del gruppo. Non occorre essere d'accordo sul grado di egoismo o altruismo dell'*Homo sapiens*. L'importante è riconoscere che la gente ha il desiderio, e la responsabilità, di prendersi cura sia di se stessa sia del prossimo. Possiamo guadagnarci da vivere, e perfino prosperare, senza nuocere agli altri o al pianeta.

Secondo il buddhismo, possiamo compiacerci della nostra particolare personalità senza farci sopraffare da sentimenti negativi autoindotti, che annebbiano la mente e provocano sofferenza, facendoci dire cose di cui poi ci pentiamo. Queste abitudini mentali non solo ci rendono infelici, ma seminano anche zizzania, danneggiando le persone che ci circondano. Il metodo buddhista per affrontare la negatività è la meditazione *mindfulness*, ossia sedere tranquilli lasciando che pensieri e sentimenti vadano e vengano senza farsi catturare o distrarre da essi. Così meditando, diventiamo consapevoli della bellezza del momento presente e smettiamo di preoccuparci del futuro o di recriminare sul passato. Praticando la *mindfulness*, riusciamo a essere più vigili in tutte le nostre attività quotidiane.

Nel quadro dell'economia buddhista, si distingue tra la vera felicità costruita sulla base di una vita ricca di saggezza e sollecitudine, e una felicità temporanea costruita sulla base del denaro e di desideri inesauribili. Poiché il suo obiettivo è ridurre il più possibile la sofferenza di tutta l'umanità, l'economia buddhista non mira a massimizzare il reddito, perché vuole garantire la felicità e il benessere a tutti.
Questo che cosa significa, in pratica, per il nostro modello di vita? Significa non riempire più gli armadi e la casa di ogni sorta di oggetti e non precipitarsi al centro commerciale o scorrere i prodotti online quando ci si sente giù di corda. Nel corso delle mie lezioni di economia buddhista, gli allievi hanno studiato il modo di ridurre i consumi nella propria vita, andando solo ogni tanto a fare shopping e imparando a non sentirsi deprivati comprando meno cose. Una studentessa ha guardato le scarpe in liquidazione ed è stata molto contenta quando ha rinunciato a comprare l'ennesimo paio da schiaffare nella scarpiera. Un'altra studentessa, che di solito festeggia il giorno di paga facendo acquisti, ha comprato una boccetta di smalto speciale al posto di un vestito. È ora di smettere di acquistare oggetti che non ci occorrono e nemmeno usiamo, e di passare da una vita basata sull'accumulo di prodotti di consumo (economia di mercato) a una vita basata sulla consapevolezza vigile (buddhismo). Si può benissimo continuare ad assaporare la gioia di un nuovo acquisto e apprezzare i beni materiali, ma l'importante è non provare attaccamento per essi. In questo modo, il consumo diventerà solo uno dei tanti aspetti di una vita piena di sfaccettature.

Chi ha una conoscenza di base di Economia potrebbe domandarsi: «L'economia buddhista è orientata verso la microeconomia (quella che analizza il comportamento dei singoli individui e delle singole aziende) o verso la macroeconomia (quella che analizza l'economia nazionale e globale)?». Nell'economia buddhista, il micro e il macro sono interconnessi e contribuiscono, insieme, a creare un'alta qualità della vita. Gli individui così orientati cercano la felicità sia per sé sia per il loro prossimo, e questa ricerca saggia produce benessere nazionale in un mondo sostenibile.

## Gli approcci sociali e nazionali

Nell'economia buddhista, la prosperità non è equiparata al valore delle merci e dei servizi (prodotto interno lordo), come accade nell'economia di mercato, dove le attività sono ignorate a meno che non includano un qualche tipo di acquisto. Nell'economia di mercato, attività come cenare con familiari e amici, sedere tranquilli a contemplare il panorama o leggere un buon libro sono valutate solo in base ai beni e servizi acquistati, non in base a quanto le persone apprezzino simili esperienze.
Nell'ottica buddhista, il reddito è solo uno degli elementi utilizzati per misurare la prosperità. Più importante di quello è come una persona riesca a utilizzare le risorse per costruirsi una vita ricca di significato. E l'essenziale per assicurarsi una vita ricca di significato è la «capacitazione» (*capabilities*), cioè la possibilità di scegliere i mezzi per fare il tipo di vita che si apprezza di più e per funzio-

nare su base quotidiana. La capacitazione di una famiglia comprende salute, istruzione, consumo dei beni essenziali (vitto, alloggio e trasporti), e altri servizi e attività che rendono le giornate interessanti, confortevoli e sicure; a questo si aggiunga la possibilità di partecipare liberamente alla vita della comunità e della nazione. Sono le nostre capacitazioni a permetterci di sviluppare relazioni, usare il nostro talento e sfruttare appieno il nostro potenziale.

Nell'economia buddhista, per valutare la performance di un'economia nazionale si guarda la distribuzione del benessere nella popolazione come un accesso equo alle opportunità. Le istituzioni e i servizi di un Paese devono incoraggiare il buon funzionamento dei cittadini nella vita quotidiana e garantire una rete di sicurezza e protezione. Inoltre, il modello buddhista valuta la qualità della vita anche in termini di eredità ecosistemica da lasciare alle future generazioni, come il risanamento delle aree inquinate e degradate.

Proviamo ad applicare il «Sutra delle due frecce» all'economia nazionale. Viene tirata la prima, potente freccia che mira al profitto in un contesto di libero scambio e, sebbene essa arricchisca alcuni individui, nuoce a molti altri e all'ambiente. La seconda freccia colpisce persone che lavorano sodo per guadagnare i soldi per comprare un sacco di prodotti che daranno loro solo una felicità effimera in una routine ossessiva e interminabile. La gente, allora, esamina bene la prima freccia e si chiede quanto sia auspicabile un'economia basata solo sulla competizione e sul profitto. Quando capiscono i limiti dell'economia di mercato, tutti smettono di tirare la seconda freccia a se stessi e cominciano a studiare e praticare l'economia buddhista, per la quale il denaro e il reddito non sono più l'unico obiettivo. Ora la «ricerca della felicità», di cui parla la Costituzione americana, significa permettere a tutti di avere una vita ricca di significato all'interno di un ecosistema sano. L'economia buddhista migliora la vita della gente, anche quella degli arcieri che hanno tirato la prima freccia. Le economie nazionali sono integrate nell'economia globale, e anche a questo riguardo il neoliberismo e il buddhismo divergono. Il primo sostiene che il commercio internazionale può produrre solo redditi più alti in tutto il mondo e che nessun Paese perde in questa partita. Tale risultato sarebbe garantito dal «vantaggio relativo»: se c'è una differenza di risorse e capitale tra un Paese A e un Paese B, A e B utilizzeranno metodi diversi di produzione di beni specifici, e questo rappresenterà la base di una specializzazione della produzione che permetterà a entrambi di aumentare il prodotto interno lordo attraverso il commercio. Poniamo per esempio che un Paese industrializzato produca macchine ad alto impiego di capitali e che commerci con un Paese emergente specializzato nella produzione di tessuti e vestiti ad alta intensità di lavoro: l'uno e l'altro trarranno profitto dai rispettivi campi.

Forse tale modello ha funzionato bene in passato, ma nell'odierna economia globale altamente meccanizzata molti Paesi usano lo stesso capitale, gli stessi metodi automatizzati, le stesse applicazioni informatiche anche quando la manodopera è a basso costo. In termini di costi, avere gli stessi identici processi di produzione automatizzati elimina gran parte dei vantaggi della specializzazione, perché oggi la manodopera rappresenta solo una piccola parte del costo di produzione. I Paesi in via di sviluppo si trovano ad affrontare mercati che sono già dominati dalle nazioni industrializzate. Qualunque guadagno proveniente dal commercio riflette il potere contrattuale globale delle nazioni e, ancora una volta, il potere dei ricchi è più forte di quello dei poveri. Di conseguenza, si osservano casi in cui il reddito diminuisce nei Paesi in via di sviluppo quando questi firmano accordi di libero commercio con gli Stati Uniti: è successo per esempio al Messico quando, negli anni Novanta del Novecento, ha firmato il NAFTA (Accordo nordamericano di libero scambio).

Il consumo di energia mette in rilievo le differenze tra economia di mercato ed economia buddhista. Benché la maggior parte degli economisti sia a favore di una tassa sull'inquinamento, nel settore della produzione e del consumo di combustibili fossili le leggi del libero mercato non impongono alle aziende petrolifere e alle centrali a carbone di pagare una tassa per l'inquinamento atmosferico e gli altri tipi di degrado ambientale causati da estrazioni e scavi. Di conseguenza, i prezzi dell'energia imposti ai consumatori non comprendono i costi ambientali e la gente consuma troppo gas e troppo petrolio. Inoltre, benché l'economia di mercato parli tanto di concorrenza, nell'industria dell'energia la concorrenza non c'è affatto. Nel 2014, cinque delle prime sei industrie dell'elenco di «Fortune» delle 500 maggiori imprese d'America erano compagnie petrolifere, superate solo dalla Walmart, piazzatasi al primo posto. Queste compagnie hanno usato il controllo che hanno dei prezzi e dei costi per realizzare utili enormi, prossimi ai cento miliardi di dollari annui, con margini di profitto di circa il 25%. Poi utilizzano questi giganteschi profitti per esercitare pressioni sul Congresso affinché approvi agevolazioni fiscali e leggi a loro favorevoli, che rendano ancora più elevati i loro guadagni. Poiché i consumatori non pagano tasse per l'emissione di $CO_2$ provocata dalle loro auto, molti americani comprano SUV e pickup ad alto consumo di benzina, anche se così, percorrendo in media oltre ventimila chilometri l'anno, provocano gravi danni all'atmosfera.

Nella valutazione dei prezzi di mercato di beni e servizi, l'economia buddhista tiene conto di quanto costa sfruttare le risorse. Include per esempio nel prezzo della benzina una tassa sull'inquinamento, la cosiddetta «ecotassa» o «carbon tax», che è pari al costo, per la società, del danno recato all'ambiente dal consumo di benzina. Particolare altrettanto importante, chi guida auto che consumano molto è malvisto, perché danneggia l'atmosfera. Invece di comprare dei SUV che succhiano benzina, ci si accontenti di una macchina a basso consumo e poco inquinante. Chi acquista un'auto elettrica è una persona che ha a cuore il cambiamento climatico, mentre chi guida i SUV e i gipponi si mostra insensibile al problema dell'inquinamento. Chi fa suoi i principi dell'economia buddhista sta attento a non usare troppo l'auto e cerca di ridurre il consumo di benzina ricorrendo al *carpooling*, prendendo i mezzi pubblici o comprando il pane e il latte anche per i vicini quando va al negozio di alimentari in macchina. Si potrebbe usare l'ecotassa nazionale anche per sviluppare nuove forme di energia sostenibile, ampliare la rete dei mezzi di trasporto pubblici e fornire altri beni e servizi a tutta la comunità.

Si noti che, in questo esempio, non auspichiamo che le multinazionali smettano di concentrarsi sulla massimizzazione dei profitti; diciamo solo che le compagnie petrolifere dovrebbero pagare per l'inquinamento da gas serra. Oggi negli Stati Uniti il governo ha smesso di concedere loro agevolazioni fiscali e regola rigorosamente l'estrazione di combustibili fossili che danneggiano l'ambiente. Aumenterà così la concorrenza da parte delle industrie dell'energia rinnovabile e, con tutta probabilità, le stesse multinazionali del petrolio, del gas e del carbone cercheranno di sviluppare fonti di energia rinnovabile. I mercati offrono adesso gli incentivi giusti perché i consumatori e le industrie accelerino il passaggio dalle fonti fossili alle rinnovabili, ed è proprio di questo che ha bisogno il pianeta.

La curva della domanda e dell'offerta, che determina prezzi e produzione, riflette sia i nostri valori e costumi, sia il ruolo delle istituzioni e del governo. Nell'economia buddhista, invece, il mercato si orienta verso prezzi e produzione che rispecchiano i nuovi valori interdipendenti. Questo è un concetto fondamentale nel processo di comprensione dell'economia buddhista: il nuovo andamento del mercato dovrà esprimere lo stile di vita più saggio della gente.

## Ricchezza esteriore e ricchezza interiore

Come probabilmente sospetterete, «ricchezza» significa due cose diverse nell'ottica neoliberista e nell'ottica buddhista. Entrambe includono la «ricchezza esteriore», ovvero una ricchezza materiale che consiste nei nostri *asset* – come i beni immobiliari (prima casa, eventuale seconda casa, proprietà in affitto), i fondi pensione, le azioni e obbligazioni, le automobili –, meno le passività, ovvero tutto ciò che dobbiamo agli altri, come mutui, prestiti con la banca, debiti sulla carta di credito. Poiché l'economia di mercato prende in considerazione solo questo tipo di ricchezza, siamo soliti vederla in termini rigorosamente monetari.

Dal punto di vista sociale, la distribuzione della ricchezza nel mondo è diventata sempre più disuguale, e la diseguaglianza riguarda sia le singole persone sia le nazioni. Nel 2014, meno dell'1% della popolazione mondiale, i «paperoni» del mondo, possedeva il 48% della ricchezza globale. La stragrande maggioranza della popolazione del pianeta, l'80%, possedeva solo il 5,5% della ricchezza globale. Negli Stati Uniti, lo 0,1% più ricco (sì, un decimo dell'1%) risultava possedere il 22% della ricchezza complessiva, cioè quanto quella posseduta dal 90% delle famiglie.

L'economia buddhista distingue tra ricchezza esteriore (materiale) e ricchezza interiore (spirituale). Secondo la visione buddhista, la ricchezza è qualcosa di intrinseco, che comprende la capacità di apprezzare le proprie esperienze, le proprie relazioni e la propria vita nel loro svolgersi. Il buddhismo include nel concetto di ricchezza un uso saggio delle risorse, che ci permetta di goderci la vita e aiutare gli altri, e insegna che il vero patrimonio dell'uomo – l'amore, la compassione e la saggezza – è inesauribile. Il buddhismo non ci vieta di essere ricchi in senso materiale, purché non ci attacchiamo alla «roba» e al denaro e purché dividiamo la nostra ricchezza con gli altri.

Coltivare la ricchezza interiore fa parte della pratica quotidiana dell'allievo buddhista sul sentiero dell'illuminazione. Bisogna placare l'animo, rinunciare a considerare il sé qualcosa di separato e abbandonare le illusioni sulla realtà create dai feticci sociali. Il nostro vero sé è come un sole che è stato coperto dalle nubi dell'illusione e, quando rinunciamo all'attaccamento all'io e all'egocentrismo per realizzare l'«impermanenza» e l'unità con gli altri e con la Terra, la sofferenza finisce.

Capitolo terzo

# L'INTERDIPENDENZA TRA GLI ESSERI UMANI

*Poiché io e gli altri esseri umani*
*siamo uguali nel volere la felicità,*
*quale differenza tra noi dovrebbe*
*indurmi a cercare da solo la felicità?*

*Poiché io e gli altri esseri umani*
*siamo uguali nel rifuggire dal dolore,*
*quale differenza tra noi dovrebbe*
*indurmi a salvare me stesso e non gli altri?*

Shantideva, *Il cammino del Bodhisattva*

Buddha ci ha insegnato che siamo tutti interdipendenti. Visualizziamo il concetto immaginando la rete di perle di Indra, una rete che si estende all'infinito in tutte le direzioni e le cui maglie contengono ciascuna una perfetta, luccicante perla. Poiché ogni perla riflette tutte le altre, ogni riflesso reca l'immagine di tutte le altre perle. Qualunque cosa influenzi una perla, le influenza tutte. Se diventiamo consapevoli dell'interdipendenza, correggiamo il nostro modo di considerare il successo e ci allontaniamo dal gioco a somma zero dell'economia di mercato, dove le risorse in più che vanno a un individuo significano giocoforza risorse in meno per un altro, e vediamo la situazione economica con un'ottica collettiva nella quale il benessere di ciascuno è collegato a quello dell'altro. Secondo la visione buddhista, anche quando le risorse complessive restano le stesse, il benessere di tutti migliora se si trasferiscono le risorse da chi consuma molto più del necessario per vivere confortevolmente a chi si è impoverito. La distinzione tra microeconomia (il comportamento degli individui e delle singole aziende) e macroeconomia (il prodotto nazionale e globale) sfuma, perché oggi il benessere individuale non è più distinto dal benessere sociale. In un mondo in cui tutto muta in continuazione e tutto è effimero, è liberatorio affrancarsi dalla costante ansia di dovere, per andare avanti, avere di più e competere con gli altri.

L'economia buddhista assume che l'essere umano sia altruista; uomini e donne desiderano in genere aiutare gli altri e alleviare le loro sofferenze senza per questo riceverne niente in cambio. In questo senso, il buddhismo condivide le preoccupazioni di economisti come Samuel Bowles ed Herbert Gintis, che hanno analizzato l'evoluzione dell'altruismo e della reciprocità nelle società. Il loro libro, *A Cooperative Species*, mostra come la cooperazione aiuti le società a sopravvivere e crescere. Facendo riferimento a molti dati distribuiti nell'arco di migliaia di anni, Bowles e Gintis sostengono che i gruppi dotati di norme etiche e cooperative sono sopravvissuti e si sono espansi, e questo comportamento prosociale ha portato oggi a una generazione di individui che sono sinceramente preoccupati per il destino degli altri. In *The Moral Economy*, Bowles dimostra come le politiche economiche che usano punizioni monetarie in situazioni in cui la gente si comporta tendenzialmente in modo etico, anziché egoisticamente, producono un indesiderato comportamento egoistico. Un esempio che forse negli Stati Uniti molti hanno vissuto in prima persona è quello dell'asilo d'infanzia in cui veniva comminata una multa ai genitori che andavano a riprendersi i figli in ritardo rispetto all'orario previsto. I genitori finivano per pensare che bastasse pagare se si era in ritardo e così i ritardi aumentarono. La penalità monetaria sostituiva il senso del dovere civico.

Quando gli psicologi studiano che cosa dà la felicità, scoprono che essere buoni con gli altri rende la gente più felice. Ci si sente arricchiti dai momenti di compassione, perché si instaura un circuito di retroazione positivo: si diventa più felici, e questo rende più probabile che si compia un'altra buona azione (come aiutare la vicina di casa a portare le borse della spesa). La bontà rende più felici e le persone più felici fanno altre buone azioni. Torna in mente, a questo proposito, l'insegnamento del Dalai Lama, il quale dice che la felicità è data dalla pratica della compassione.

L'economia buddhista si concentra su attività ed esperienze a cui non è attaccato il cartellino del prezzo. Una volta soddisfatti i bisogni fondamentali, si valutano i consumi in base a quanto questi permettano di soddisfare il proprio potenziale umano e la qualità della propria vita. Le attività sociali e creative permettono di godersi la vita e più ci si gode la vita, più l'idea di acquistare prodotti per distinguersi dagli altri diventa stupida (o peggio).

# Essere felici

Per capire l'interdipendenza su cui pone l'accento l'economia buddhista, bisogna imparare la compassione e la bontà guardandosi dentro ed entrando in contatto con il proprio buddha, ossia la propria vera natura. Si apprende così che la felicità proviene dal mondo interiore, non da quello esteriore. Quando si sarà trasformata la propria vita, si potrà avere un'influenza positiva sugli altri, e la distinzione tra benefici personali e benefici sociali sfumerà.

Vediamo come si esplica tutto questo nel mondo reale. Harry, uno studente dell'Università della California a Berkeley, era molto motivato e molto competitivo nel perseguire i suoi obiettivi: l'unico problema era che la vita gli appariva priva di significato. Si sentiva felice solo quando perseguiva un obiettivo, come ottenere il voto massimo o averla vinta in una discussione, ma a ogni successo seguiva un deprimente denso di delusione. Vedendo quanto fosse infelice Harry, la sua amica Nancy, che frequentava il mio corso di economia buddhista, gli suggerì la meditazione *mindfulness*. Harry scoppiò a ridere, giudicandola una perdita di tempo. «E quale sarebbe lo scopo?», chiese.

Per stimolare il suo interesse, Nancy lo sfidò, dicendo: «Scommetto che non riesci a stare seduto per mezz'ora senza avere nessun pensiero». Harry accettò la scommessa e aggiunse che, se fosse riuscito nell'impresa, lei avrebbe dovuto offrirgli una cena in un ristorante di lusso. Quando però si sedette e provò a sgombrare la mente, si accorse che era difficilissimo fermare la ridda di pensieri e che continuava a rimuginare sulle cose

che doveva fare o a ricordare le volte in cui altri avevano avuto risultati più brillanti dei suoi. Cercare di vuotare la mente fu per lui un'ordalia, sia fisica sia mentale. Decise di fare pratica almeno due volte al giorno, cominciando da qualche minuto e poi aumentando gradualmente. Le prime due settimane furono le più dure, e fu tentato di rinunciare, ma non sopportava l'idea di confessare a Nancy che aveva fallito. Dopo un mese migliorò e si rese conto di aver bisogno di un insegnante. Iniziò allora una sessione settimanale con Nancy. Dopo tre mesi, faceva meditazione *mindfulness* con molta più facilità e in testa non gli mulinavano più continui pensieri.
A quel punto si rese conto che Nancy gli aveva posto un obiettivo impossibile, perché il cervello continuava comunque a formulare pensieri. Apprese così dalla *mindfulness* che l'obiettivo non era tanto di impedire i pensieri, quanto di lasciarli fluire senza giudicarli. Disse all'amica che riteneva la scommessa truccata e lei si mise a ridere. «Sì, stai imparando» replicò. «Puoi vincere la scommessa se riesci a startene seduto tranquillo, senza seguire o giudicare i tuoi pensieri nella mezz'ora di meditazione che fai».
Dopo sei mesi Harry vinse la scommessa e, invece di pretendere che Nancy lo portasse al ristorante di lusso, la ringraziò per averlo spinto a meditare e fu lui a offrirle la cena.
Particolare interessante, cominciò a includere nell'appena acquisita *mindfulness* l'interesse per il prossimo. Si rese conto che non era necessario essere sempre il primo e avere la meglio sugli altri per laurearsi e perseguire obiettivi professionali: poteva benissimo realizzare i suoi sogni facendo semplicemente del suo meglio.

Poteva godersi gli studi e la compagnia degli amici senza che questo pregiudicasse il futuro successo.
Per maturare un atteggiamento compassionevole verso se stessi è essenziale porre fine all'autocritica, che è sterile. Nell'ottica buddhista, si impara a non rimpiangere più il passato, e ad accettare il proprio corpo e la propria personalità senza giudicarli. Quando abbiamo una reazione negativa, come arrabbiarci con il nostro partner e urlargli cattiverie, prendiamoci una pausa e cerchiamo di considerarlo di nuovo con sentimenti di amore e compassione. Sotto il profilo visivo, possiamo immaginare di schiacciare il demone della rabbia, quel *klesha* che è un veleno spirituale. Ci scuseremo con il partner per le nostre parole irate e cancelleremo dalla memoria il ricordo dell'episodio.
Il Dalai Lama insegna che l'empatia porta a essere più compassionevoli nella relazione con il prossimo, e suggerisce di mettersi nei panni degli altri per capire come si reagirebbe nella loro situazione.

## Troppe scelte

Quando i miei amici buddhisti e io parliamo di quali *klesha* dominino i nostri pensieri, i più citati sono ansia e avidità. Facciamo fatica ad accantonare i desideri materialistici mentre siamo presi dalle attività quotidiane, perché ovunque andiamo, i media ci parlano di nuovi modi per rendere la vita più sana o piacevole, amici e conoscenti ci parlano di una cosa che hanno appena comprato e allora subito pensiamo di doverla acquistare a nostra volta, per noi o per i nostri figli.

Anche l'ansia continua a tormentarci, dato che il lavoro è impegnativo e la famiglia ci costringe a occuparci di tante incombenze. La nostra mente formula continui pensieri che sono come interminabili chiacchiere, e invece di assaporare il momento presente ci perdiamo in questo futile balletto cerebrale. Anche se magari abbiamo avuto una vita fortunata, con un buon lavoro e splendidi figli e amici, siamo stressati e non abbiamo il tempo di goderci la vita. Siamo stanchi e frustrati. Dovremmo avere una ricchezza interiore inesauribile, invece ci sentiamo schiacciati dalla vita.

Soprattutto i genitori fanno molta fatica a conciliare le esigenze del lavoro con quelle della famiglia, e molti hanno l'impressione di passare troppo poco tempo con i loro bambini e anche con i loro partner. Le madri e i padri riferiscono che si sentono spesso stanchi e sotto pressione per il lavoro, e che questo diminuisce il piacere di occuparsi dei figli. I genitori vorrebbero inoltre avere più tempo libero da passare con gli amici e da dedicare agli interessi al di fuori del lavoro. Il grado di istruzione non sembra influire sul problema dell'equilibrio tra lavoro e famiglia, anzi, i laureati trovano ancora più difficile conciliare le due cose. Uno dei motivi per cui ci sentiamo stanchi e stressati è la lista interminabile delle cose che la società ritiene debbano fare i «bravi genitori» per i figli: iscriverli a club sportivi o a corsi di danza e recitazione, preparare loro pasti sani, controllare i compiti scolastici e il tempo che passano al computer, comprare loro l'ultimo gadget alla moda e via dicendo. Trovare un equilibrio significa gestire obiettivi e aspettative mentre si cerca di capire come vivere al meglio la propria vita.

Un segno tangibile dell'odierno squilibrio è l'accozzaglia di oggetti che invade le nostre case. Ci facciamo quotidianamente strada tra una valanga disordinata di cose e continuiamo ad accumulare. Invece di essere contenti di ciò che abbiamo, ce ne sentiamo sopraffatti. Circolano addirittura manuali che ci insegnano a liberarci della cianfrusaglia inutilizzata negli armadi e nei cassetti, promettendo che il riordino ci farà sentire più felici e sereni.
La confusione è il simbolo di ciò che non va in un contesto sociale di ricchezza e materialismo che offre troppe scelte. In ogni aspetto della vita ci troviamo davanti a un numero incredibile di possibilità: interminabili file di barattoli di marmellata e scatole di cereali al supermercato, scaffali zeppi di prodotti nei negozi di elettronica, applicazioni per cellulari che cercano di soddisfare ogni sorta di capriccio, opzioni sanitarie imposte sia sul versante della malattia sia su quello della salute, una pletora di università che affermano tutte di offrire il miglior livello di istruzione. Benché la teoria economica standard sostenga che la massima gamma di scelta rende massima la libertà, avere troppe opzioni ci frustra e paralizza, invece di farci sentire più liberi e felici. Una volta compiuta finalmente la nostra scelta, siamo meno soddisfatti, perché rimpiangiamo le possibilità che abbiamo tralasciato. Siccome poi tutta questa offerta di prodotti genera anche un'escalation delle aspettative, ci rimproveriamo se l'esperienza si rivela deludente.
Spesso i miei allievi scrivono nel diario che si sentono sopraffatti quando vanno al supermercato. Una studentessa ha annotato: «Poiché ci sono almeno (e non

esagero) trenta distinte marche di burro, mi sono ritrovata a chiedermi: chi avrà mai bisogno di tutta questa varietà? Certo, è comprensibile la scelta tra il burro ordinario, il burro salato, il burro a basso contenuto di grassi e il burro spalmabile, ma qui sto parlando di almeno trenta marche che offrono ciascuna tutti i tipi di burro che potremo mai desiderare. Disorientata dall'abbondanza di un prodotto così basilare, mi sono trovata nell'imbarazzo della scelta». La sua riflessione mi ha molto colpito, perché ho imparato a ridurre al minimo il tempo dedicato alla spesa e compro sempre la stessa identica marca. Come la maggior parte della gente, non sto a guardare tutti i «nuovi» prodotti e non sapevo nemmeno che ci fossero tanti tipi di burro in offerta.

Il mio metodo di spesa alimentare rappresenta un esempio di quello che in economia è stato definito *satisficing*, fare una scelta che dà un livello sufficiente di soddisfazione sulla base di informazioni incomplete. Alla fine abbiamo una cosa che viene incontro alle nostre esigenze senza obbligarci ad adoperare una quantità eccessiva di tempo ed energia per prendere la decisione «migliore».

Il *satisficing*, però, non risolve il problema cui si trovano di fronte i tanti che hanno pochissime scelte perché sono troppo poveri per acquistare i beni essenziali. I poveri vivono una vita di disperazione, lottando per assicurarsi da un lato vitto, alloggio, assistenza sanitaria e mezzi di trasporto essenziali, dall'altro il denaro sufficiente alle attività familiari e sociali. Le vacanze non rientrano in questo quadro. Lottando per stare a galla con meno del necessario, i poveri sono troppo impegnati a preoccuparsi degli scarsi beni primari per curarsi del resto. La loro vita è dominata dal circolo vizioso della povertà: possono permettersi di vivere solo in quartieri con scuole mediocri e criminalità diffusa, e i loro figli, ricevendo un'istruzione inadeguata, finiscono per avere pessimi lavori o rimanere disoccupati, e possono a loro volta permettersi solo di abitare in brutti quartieri con scuole mediocri. Né hanno accesso a cibo di qualità e alimentazione adeguata, e quindi godono di minor salute dei ricchi, sono più soggetti a malattie come obesità, diabete e asma, e muoiono prima.

In netto contrasto con loro, i ricchi si circondano di un sacco di orpelli da mostrare a noi comuni mortali. I personaggi famosi o i grandi manager si costruiscono la «casa dei sogni» e, elevando smaccati peana alla ricchezza e al potere, spiegano che in questa casa vi sono decine di camere da letto e bagni fatti con materiali esotici, i mobili sono tutti di gran pregio, le pareti sono tappezzate di preziosi quadri e gli armadi multipli straripano di abiti e accessori costosissimi. Queste immense ville non hanno altre abitazioni vicino e sono circondate da recinti e apparati di sicurezza che garantiscono ai proprietari la privacy assoluta. Spesso i ricchi hanno anche un superyacht e, quando non usano quello, viaggiano con jet privati per raggiungere i resort esclusivi che, grazie a loro, proliferano in tutto il mondo.

Possiamo migliorare la vita della popolazione sia nelle ricche società industrializzate che hanno troppa scelta, sia nei Paesi in via di sviluppo che hanno troppo poca scelta, ridistribuendo il reddito: se la ricchezza passerà dai Paesi ricchi ai Paesi poveri, noi avremo meno opzioni e loro ne avranno di più. Allora le società opulente consumeranno meno alimenti (o case o auto) di lusso, e quelle povere avranno più alimenti (o case o trasporti) di prima necessità. In un'economia buddhista, tutti staranno meglio.

## Reddito e felicità

In genere, quando ha un reddito adeguato, la gente usa le proprie risorse e il proprio talento in maniera da sentirsi soddisfatta della vita; ma questa soddisfazione aumenta con l'ulteriore aumentare del reddito?

Si potrebbe credere di sì, ma dal confronto tra reddito e felicità nei Paesi industrializzati è risultato che la felicità di una nazione non cresce con il crescere del reddito nazionale. Il fenomeno è stato definito «paradosso di Easterlin»: una volta che siano stati soddisfatti i bisogni essenziali, all'aumentare nel tempo del reddito nazionale pro capite la felicità nazionale media tende a restare la stessa.

Gli psicologi spiegano questa apparente stranezza con il fatto che gli esseri umani si adattano alle situazioni o agli eventi sia nel bene sia nel male. Temiamo gli eventi infausti, ma, per fortuna, non siamo influenzati da essi nella misura in cui si potrebbe supporre. Questo vale anche per gli eventi fausti. Inoltre, la gente preferisce di gran lunga evitare una perdita che assicurarsi un guadagno, ciò che gli economisti chiamano «avversione alla perdita». Anche se pregustiamo o gioiamo di un evento fausto o di un risultato positivo (ricevere una promozione, vincere una partita, comprare una nuova auto), presto vi ci adattiamo e torniamo al nostro senso di benessere «normale».

Che cosa si rileva nei Paesi industrializzati quando si confronta il reddito con la *qualità della vita*, che è misurata in base alla salute fisica, la sanità mentale, l'istruzione, il consumo di droghe e l'obesità? Si scopre che questi indicatori della qualità della vita non sono correlati con il reddito nazionale medio e che peggiorano con l'aumentare della sperequazione dei redditi nei vari Paesi. È il caso di sottolineare questo importante dato: *la felicità e la qualità della vita sono connesse non già al reddito medio nazionale, bensì al grado di sperequazione dei redditi di un Paese.*

Purtroppo, questo dato statistico si è rivelato vero negli Stati Uniti, dove gli indicatori della salute e del benessere sono peggiorati a mano a mano che la sperequazione dei redditi aumentava rispetto ad altri Paesi industrializzati. Oggi, per quanto riguarda gli indicatori del tasso di mortalità, dell'aspettativa di vita, della povertà infantile, della carcerazione e della salute complessiva, gli Stati Uniti sono agli ultimi posti tra i Paesi ad alto reddito, mentre ancora nel 1980, quando la sperequazione non era così accentuata, erano molto più in alto in classifica. Da un'altra indagine risulta che il tasso di mortalità post-neonatale degli Stati Uniti rispetto all'Europa è indotto quasi esclusivamente dalle diseguaglianze economiche.

Benché la felicità nazionale non aumenti con l'aumentare del reddito pro capite, se si osserva quanto accade *all'interno* dei Paesi ricchi si vede che gli indicatori della qualità della vita di una famiglia – come salute, istruzione e altre misure – crescono eccome con il crescere del reddito. Sempre all'interno di un Paese, la felicità e la soddisfazione personale (*life satisfaction*) aumentano a mano a mano che si sale la scala del reddito relativo. Questo suffraga la teoria del reddito relativo, secondo la quale il benessere e la soddisfazione personale dei membri di una famiglia dipendono proprio dal reddito relativo, cioè dal confronto con altre famiglie. A mano a mano che, a livello nazionale, le diseguaglianze economiche aumentano, la differenza di reddito tra l'1% più ricco e il 99% del resto della popolazione si accresce, e il benessere della famiglia tipica diminuisce. Ancora una volta, vediamo che il reddito medio nazionale non ci dice molto sull'efficacia con cui un'economia crea benessere per tutti.

Nel momento in cui riconosciamo l'interdipendenza tra tutti gli esseri umani, ci rendiamo conto di quanto sia ingiusta la sperequazione dei redditi. Le crescenti diseguaglianze ci danneggiano tutti, dato che i problemi sociali e sanitari di chi sta in fondo alla scala del benessere peggiorano. Per tutto il corso della storia, vari filosofi hanno osservato come fosse profondamente ingiusto che vi fossero grandi divari di reddito tra l'una e l'altra fascia di popolazione e che si lasciassero vivere alcuni individui nelle più spaventose ristrettezze. Tra il V e il IV secolo a.C., Platone disse che sia l'indigenza sia l'estrema ricchezza avevano conseguenze negative sugli individui e la società. In epoca moderna, il filosofo John Rawls sostiene che le diseguaglianze sociali ed economiche sono giuste solo se offrono benefici compensativi, specie ai membri più svantaggiati della società, e solo se tutti dispongono dei beni primari o essenziali che sono necessari per funzionare nella società. Secondo i sondaggi, gli americani convengono che la diseguaglianza è dannosa e pensano che le politiche di

governo possano e debbano ridurre il divario tra i ricchi e il resto del Paese.
I neoliberisti assumono che sia necessaria la diseguaglianza perché la gente si senta incentivata a lavorare sodo e meritarsi una ricompensa per il contributo dato all'economia. Ma è proprio vero che la diseguaglianza fornisce un incentivo premiando il buon rendimento? Da una recente indagine sui compensi (valore del compenso annuo totale) dei CEO, gli amministratori delegati, e sulla performance dell'azienda di appartenenza, risulta che più il compenso dell'amministratore delegato aumenta, più la performance dell'azienda diminuisce. Esistono CEO che ricevono compensi inferiori ma gestiscono aziende con una performance migliore. Inoltre, la relazione negativa tra compenso del CEO e performance dell'azienda era più pronunciata nelle centocinquanta società i cui amministratori delegati erano i più pagati. Eppure non sentiamo gli economisti auspicare che, per migliorare la performance dell'azienda, si attui una politica di riduzione dei compensi dei CEO, e anzi, i più liberisti tra loro continuano ad affermare che gli astronomici compensi degli amministratori delegati rappresentano un incentivo necessario.

## Il benessere materiale

La distribuzione dei redditi tra le famiglie è fondamentale per valutare il benessere e le reali condizioni di vita di un Paese. Il modo in cui le famiglie valutano la qualità della propria vita dipende sia dal reddito relativo sia dalla spesa totale, perché una famiglia giudica il proprio

livello di benessere in base a quanto consumano le fasce di reddito superiori. L'aumento della sperequazione dei redditi fa sì che chi è rimasto indietro si sforzi di consumare di più per mantenere il livello di consumo di prima e tenersi al passo con le fasce di reddito superiori. Se, pur restando uguale il reddito nazionale, la diseguaglianza aumenta, una società è meno soddisfatta.
Gli economisti sono soliti dividere i beni di consumo delle famiglie in tre categorie: essenziali (i generi di prima necessità), di comfort (quelli che rendono la vita più comoda) e posizionali (generi di lusso e status symbol). I beni e servizi essenziali sono quelli che consumano quasi tutte le famiglie, e le spese che comportano riguardano la soddisfazione delle necessità materiali fondamentali, come vitto e alloggio, e i servizi indispensabili a funzionare nella società, come mezzi di trasporto e divertimento. Le spese che riguardano beni non di prima necessità sono destinate ai generi di comfort, che rendono la vita più comoda e piacevole, e ai generi di lusso, che simboleggiano lo status e la posizione sociale attraverso l'ostentazione e l'esclusività. A seconda delle disponibilità, queste spese possono servire per beni essenziali, di comfort o posizionali. Per esempio una famiglia avrà i soldi per prendere in affitto solo un alloggio di spazio minimo (bene di consumo essenziale), un'altra avrà i soldi per un appartamento con un numero di stanze che offre comodità a tutti i membri (bene di consumo di comfort), un'altra avrà i soldi per una villa di un quartiere alla moda, circondata da un parco e una costosa recinzione atta a garantire la privacy e a mostrare la ricchezza (bene di consumo di lusso o posizionale). Una famiglia potrà assicurarsi il

divertimento essenziale giocando nella vicina area di svago (minimo indispensabile), un'altra potrà passare il weekend in un vicino parco nazionale (comfort), una terza potrà spendere decine di migliaia di dollari per fare una vacanza lontano dalla massa nella splendida, esclusiva cabina di una nave da crociera (lusso).
Con lo sviluppo economico e tecnologico, i consumi di base si ampliano e cambiano, e queste variazioni rispecchiano sia la cultura sia il livello di sviluppo dei vari Paesi. Benché la capacità di acquistare i generi di prima necessità sia considerata cruciale per definire il benessere di una famiglia, si è notato che a volte le famiglie acquistano articoli di comfort o perfino di lusso al posto di quelli essenziali per un'esigenza socialmente indotta. Un esempio del fenomeno è dato dalla madre che spende soldi in più per comprare uno zainetto con la figura di un personaggio amato dai bambini (generi di comfort) anziché lo zainetto a buon mercato, senza figure (generi di prima necessità), perché suo figlio si senta come i compagni che hanno gli zainetti alla moda e se li confrontano.
Io stessa ho condotto una ricerca in cui ho analizzato come le famiglie americane di tutte le fasce di reddito, dagli operai ai professionisti, hanno speso il denaro per generi essenziali, di comfort e di lusso nel corso del XX secolo. Ho scoperto che più il reddito aumentava nel tempo, più le famiglie emulavano il modello di consumo delle fasce di reddito superiori e introducevano nel loro stile di vita nuovi beni e servizi. Nel 1918, una famiglia di salariati spendeva il 93% del budget per i generi di prima necessità e il 2% per i generi di lusso. Nel 1988, spendeva solo il 55% del budget per i beni essenziali, il

23% per i beni di comfort e il 22% per gli articoli di lusso. In quei settant'anni le famiglie avevano registrato un forte aumento del reddito e, a mano a mano che il tenore di vita migliorava, avevano cominciato a consumare più generi di comfort. Tuttavia era evidente che i salariati vivevano con disagio la crescente diseguaglianza, perché spendevano molto di più per lo status, al fine di emulare le famiglie il cui reddito era aumentato ancora più in fretta.

In una società ispirata al buddhismo, che ridurrebbe le diseguaglianze e offrirebbe adeguata sicurezza economica a tutti, le famiglie non cercherebbero più i beni posizionali simboleggianti lo status. Tutti avrebbero accesso ai generi di prima necessità e i generi di comfort servirebbero a rendere la vita più comoda e interessante. Il consumo di beni vistosi e d'immagine, che indicano lo status e la posizione, non aggiunge nulla alla qualità complessiva della vita, perché fa sentire più felice qualcuno a scapito di qualcun altro (in un gioco a somma zero); alcuni economisti, come Robert Frank, definiscono addirittura il fenomeno «corsa al riarmo posizionale». Comprare status symbol è uno spreco e non serve affatto a migliorare il benessere sociale complessivo.

Quando le diseguaglianze incrementano la sperequazione dei redditi tra i ricchi e il resto della popolazione, i ricchi cominciano a rivolgersi a beni posizionali ancora più cari, acquistando per esempio case ancora più grandi e lussuose per affermare la loro posizione rispetto agli altri ricchi, e il resto della popolazione si sente più povero, perché scende ancora di più nella scala sociale. Nel complesso, quando i ricchi si costruiscono case più grandi e lussuose, il loro benessere non aumenta, mentre tutti gli altri sono meno contenti delle loro case. Un modo per fermare la spirale dello scontento è che lo Stato imponga tasse elevate sui beni di lusso posizionali.

L'economia buddhista non disdegna il comfort e gli aspetti materiali della vita. Giudica l'estetica e l'arte importanti, perché cose come la creatività in letteratura e arte, il giardinaggio o la gastronomia contribuiscono all'affinamento dello spirito. Ma, secondo la visione buddhista, l'attaccamento ai beni materiali o a un certo stile di vita non è la molla dell'esistenza. I beni materiali servono semmai a sfruttare il proprio talento e sviluppare le proprie doti interiori.

## Perché lavoriamo tanto?

Questa domanda è sempre stata fatta nel corso dei secoli, e la previsione che la gente avrebbe smesso di lavorare così duramente e vissuto una vita equilibrata appena il reddito le avesse garantito una vita confortevole non si è avverata nelle società industrializzate.

Nonostante questo, la popolazione di alcuni Paesi ricchi dà molto valore al tempo libero che permessi e ferie retribuiti concedono, usandolo per viaggiare (Germania) o per prendersi cura della famiglia (Danimarca, Olanda e Norvegia). Benché la settimana lavorativa media sia ancora lunga (36,8 ore nei trentaquattro Paesi democratici dell'OCSE, l'Organizzazione per la cooperazione e lo sviluppo economico), le ore di lavoro annue nei Paesi industrializzati sono diminuite, mentre è aumentato il tempo delle ferie e dei congedi retribuiti, che va dai venti ai trenta giorni all'anno. Nel 2014 i lavoratori tedeschi hanno fatto in media solo 1371 ore di lavoro, mentre quelli di Danimarca, Norvegia e Olanda ne hanno fatte circa 1430. Se queste ore di lavoro effettivo fossero spalmate in cinquantadue settimane, la settimana lavorativa media sarebbe composta di sole 26-27 ore.

In alcuni Paesi industrializzati le ore di lavoro annue sono molte di più, e il tempo delle ferie e dei congedi retribuiti è molto inferiore. Sempre nel 2014, negli Stati Uniti le ore di lavoro annue sono state 1789, in Giappone 1729. In altre parole, l'operaio medio americano ha lavorato 418 ore (circa dodici settimane) in più dell'operaio medio tedesco. Non c'è da stupirsi se vediamo viaggiare per il mondo molti più tedeschi che americani.

Nel classico studio *Middletown*, scritto negli anni Venti del Novecento, i sociologi Helen e Robert Lynd si chiesero: «Perché lavorano tanto?». La risposta che diedero fu: «Sia gli uomini d'affari sia gli operai cercano disperatamente di guadagnare più soldi per poter tenere il passo con l'ancor più rapida crescita dei loro desideri soggettivi».

La risposta sociologica di quasi un secolo fa corrisponde alla risposta economica di oggi: desiderare più denaro porta a lavorare più ore. Oggi, per soddisfare i nostri desideri, continuiamo a darci un gran da fare davanti a monitor elettronici che ci permettono, ovunque siamo, di restare connessi a una rete e lavorare ventiquattr'ore su ventiquattro sette giorni su sette. Le ore lavorative si confondono con quelle di riposo: il lavoro, la famiglia e le attività sociali si sono fusi, dato che ogni due o tre minuti leggiamo, inviamo messaggi e controlliamo Fa-

cebook e Twitter. Staccare la spina dopo il lavoro e godersi il tempo libero è un concetto che è finito nella lista delle cose estinte.
Secondo la visione buddhista, l'interconnessione non è quella che avviene in Internet, ma quella che avviene in noi quando il cuore e l'attenzione vigile convergono verso ciò che accade nel momento presente. Se coltiveremo questa facoltà, non brameremo più il tempo per goderci la vita, perché l'attenzione vigile ci permetterà di assaporare ogni attimo. Potremo soddisfare le nostre esigenze di consumo senza lavorare troppo, e usare così i nostri talenti e le nostre risorse per aiutare la famiglia, gli amici, la comunità e altre persone che soffrono in Paesi lontani.
Ridurre le ore lavorative è assai difficile, perché in fabbriche e uffici vi sono norme che impongono lunghe giornate di lavoro e pochissimo tempo libero. Se qualcuno provasse a crearsi un proprio ritmo di lavoro, sarebbe subito licenziato o relegato in un cubicolo senza prospettive di promozione. Quando tutti accettano l'etica dello sgobbare ventiquattr'ore su ventiquattro sette giorni su sette, è difficile che chi va controcorrente non sia penalizzato.
È necessario che la riduzione delle ore di lavoro avvenga a livello nazionale e istituzionale. Nel mondo industrializzato bisogna seguire l'esempio dei Paesi europei, che hanno ridotto l'orario di lavoro, garantiscono ferie e permessi di famiglia retribuiti, e stabiliscono un'età pensionabile che non è così avanzata da non permettere ai pensionati di godersi quel po' di vita che resta. Se si ridurrà l'orario, si creeranno più posti di lavoro per più persone, queste persone potranno

esprimere il loro pieno potenziale e l'automazione così non rappresenterà un pericolo, ma un piacere per la popolazione.
Inoltre, tutti devono sentirsi tutelati e sapere che non si ridurranno sul lastrico a causa delle spese sanitarie o di un licenziamento. Bisogna che i governi varino adeguate politiche di sussidi ai più deboli, in maniera che anche i più poveri si sentano protetti e parte della società. La riduzione delle ore di lavoro, una politica incentrata sulla famiglia e un programma di sostegno economico ai meno abbienti ristabilirebbero l'equilibrio tra famiglia e lavoro. Un'economia così strutturata fornirebbe le risorse e gli aiuti finanziari di cui hanno bisogno le famiglie per essere felici.

## Ridurre la sofferenza

Poiché il benessere di un individuo dipende da quello degli altri individui, ridurre la sofferenza fa parte integrante del modello di economia buddhista e riguarda tutte le attività, a livello di singolo come di mondo.
I mezzi con cui creare un sistema economico giusto ed equo ci fanno capire molto bene quanto l'economia buddhista si differenzi dall'economia di mercato. Abbiamo già visto come l'ottica liberista assuma che i mercati funzionino bene e producano risultati ottimali atti a massimizzare il benessere sociale. Abbiamo anche visto come la competitività, che in teoria sarebbe alla base dell'economia di mercato, in realtà non esista nel mondo reale. Il libero scambio è un sogno a occhi aperti o il mero puntello del dibattito politico.

Allo stadio attuale, anche l'economia buddhista è un sogno o un ideale astratto, almeno nell'ambito dell'economia materialista, ma è un sogno che può essere tradotto in realtà se abbastanza persone e governi concorreranno a ridurre al minimo la sofferenza umana nel mondo. Riducendo la sofferenza della popolazione che vive senza speranza nella miseria più nera, miglioreremo il benessere di tutti. Un mezzo per farlo è porre fine all'indigenza. Nel 2010, le Nazioni Unite hanno raggiunto l'obiettivo che si erano poste nel 1990 di dimezzare il tasso di indigenza con la Campagna del Millennio. Avere raggiunto tale scopo prima della scadenza del 2015 ha dimostrato che si può, e si deve, continuare a migliorare la vita del miliardo e duecento milioni di individui afflitti ancora oggi dall'estrema povertà e dalla fame.
Anche fornire assistenza sanitaria a livello mondiale serve a ridurre la sofferenza: tutti dovrebbero poter accedere a cure mediche essenziali ed efficaci. Invece cinque dei sette miliardi di abitanti della Terra non riescono a sottoporsi agli interventi chirurgici che salverebbero loro la vita, o perché sono troppo lontani da un ospedale o perché non sono in grado di pagarsi le spese dell'operazione. Di conseguenza, milioni di individui muoiono di appendicite, parto, fratture esposte e altre affezioni trattabili. Fornire servizi chirurgici essenziali a tutta la popolazione mondiale contribuirebbe a salvare un milione e mezzo di vite l'anno.
L'economia buddhista ci invita a praticare la compassione e ad avere a cuore la salute e la vita di tutti i membri della società, anche se non li conosciamo e anche se vivono in un altro Paese. Seguendo i modelli economici messi a punto da economisti come John Rawls e

Amartya Sen, guarderemo dunque se le persone hanno i beni considerati fondamentali dalle loro comunità e valuteremo il loro benessere in base alla loro capacitazione. Bisogna curarsi soprattutto di alleviare la sofferenza delle famiglie che non hanno i mezzi necessari a garantire la salute e una vita confortevole.

L'ottica buddhista impone di mitigare la sofferenza di chi lavora un gran numero di ore in condizioni malsane e disagevoli per fabbricare vestiti, apparecchi elettronici e vari altri oggetti che noi cittadini dei Paesi industrializzati compreremo poi a basso prezzo. Chiedere che i negozi vendano solo prodotti fabbricati in un ambiente sano e sicuro, che i dipendenti delle catene di ristorazione ricevano un salario minimo dignitoso o che si applichino le leggi sul lavoro minorile, sono piccoli passi verso il raggiungimento dell'obiettivo. Chiedere che i governi prendano misure per ridurre l'inquinamento da anidride carbonica è un altro piccolo passo da fare. Quando cominceremo a vivere in maniera più saggia e attenta, sapremo escogitare molti altri modi di ridurre la sofferenza altrui e di accrescere nel contempo la nostra felicità.

L'economia buddhista effettua una valutazione multidimensionale del benessere, nella quale è compresa l'analisi delle opportunità e delle capacitazioni delle persone, specie quelle afflitte dall'indigenza. Il Bhutan, Paese buddhista, ha suscitato clamore in tutto il mondo quando ha introdotto l'idea di usare il GNH (*gross national happiness*) o, in italiano, FIL, l'indice della «felicità interna lorda», al posto del PIL, il prodotto interno lordo, per misurare la prosperità e il benessere di una nazione. Il GNH stabilisce i parametri da rispettare, specificando di quali beni e servizi essenziali la popolazione dovrebbe disporre in nove importanti settori, come la salute fisica e mentale, la vitalità sociale e la resilienza ecologica, e usa il metodo statistico per dividere, a seconda delle percentuali, la popolazione in quattro gruppi che vanno dall'«infelice» al «molto felice». Il Bhutan si serve del GNH per adottare politiche che assicurino a tutti un sufficiente grado di felicità (per saperne di più sul GNH, si veda il capitolo 6).

## Guerre e violenza

Benché la guerra provochi un'immensa quantità di dolore in tutto il mondo, se ne parla soprattutto in termini politici. Non si accenna quasi mai ai suoi eccessivi costi economici. Le guerre mosse dagli Stati Uniti all'Iraq e all'Afghanistan sono state le più costose della storia americana, considerato che, secondo la ricerca condotta dalle università Harvard, Columbia e Brown, sono costate complessivamente fra i quattromila e i seimila miliardi di dollari. La devastazione che si semina tra la popolazione umana viene perlopiù ignorata: il popolo americano ha finanziato conflitti che hanno provocato tragedie mondiali, come la distruzione di larghe aree dell'Iraq, dell'Afghanistan e dei Paesi confinanti e la morte, oltre che di soldati, di migliaia di civili, tra cui molti bambini. Eppure la sofferenza umana attira l'attenzione internazionale solo se provoca problemi nei Paesi industrializzati, com'è accaduto quando milioni di profughi siriani disperati hanno rischiato la vita per emigrare in nazioni d'Europa più ricche e sicure, che li hanno respinti. Ovviamente, il denaro speso dagli Stati Uniti non ha portato la pace nella regione, ma anzi, ha fomentato l'odio e le minacce di vendetta. Né è da dire che le guerre abbiano accresciuto la sicurezza degli americani. Queste migliaia di miliardi di dollari che sono state spese per i conflitti in Iraq e Afghanistan, e che avrebbero potuto essere usati per garantire una migliore qualità della vita sia agli americani sia agli abitanti di altri Paesi, non hanno fatto altro che incoraggiare altra violenza in tutto il globo. Anche al loro interno gli Stati Uniti sono costretti a fronteggiare la violenza. In mancanza di una legge che regoli il porto d'armi, tante persone innocenti, tra cui tanti bambini, sono state ammazzate. Nel 2013 sono state utilizzate negli Stati Uniti armi da fuoco per 11.208 omicidi (e per un numero quasi doppio di suicidi) e sono state inflitte con le medesime armi 33.636 ferite non mortali. Spesso vi sono componenti razziste nella violenza e le telecamere hanno ripreso la polizia mentre picchiava o addirittura uccideva afroamericani innocenti, molti dei quali vivono nel costante terrore che la loro vita sia considerata «superflua».

La non violenza è al centro dell'ottica buddhista, la quale auspica che per risolvere i conflitti si ricorra alla compassione anziché alla forza. Il buddhismo insegna che bisognerebbe sempre evitare di essere gli aggressori, anche se è giusto, come *ultima ratio*, praticare l'autodifesa e difendere il proprio Paese da un attacco. Quando affronta il problema morale di entrare in guerra, una nazione dovrebbe analizzare onestamente le proprie motivazioni ed evitare di razionalizzare muovendo accuse contro un altro Paese o gruppo religioso o mascherando l'avidità e la sete di vendetta. Le nazioni hanno spesso la tendenza a mentire a se stesse.

Dice il Dalai Lama: «La guerra e la grande industria militare sono le maggiori fonti di violenza nel mondo. Che il loro scopo sia difensivo od offensivo, le potenti organizzazioni militari esistono unicamente per uccidere esseri umani... Vorrei chiarire però che, sebbene sia profondamente contrario alla guerra, non sostengo l'*appeasement*. È spesso necessario assumere una posizione forte per respingere un'aggressione iniqua».

## Rifugiarsi nella comunità

Il buddhismo fa assegnamento sui «tre gioielli» che guidano e assistono il fedele nella sua vita: *buddha, dharma e sangha*. La nostra natura di *buddha* ci nutre, il *dharma* ci insegna la strada e il *sangha* è la comunità dei familiari e degli amici, che ci dà coraggio e ci consente di rinnovare le energie. Non possiamo pensare di attuare l'economia buddhista senza una comunità di persone che hanno lo stesso orientamento e condividono gli stessi valori e obiettivi.

La gente ha bisogno di una comunità come sostegno sociale ed emozionale. I nostri familiari e amici, tra cui quelli che vivono vicino o condividono con noi una pratica sportiva, un hobby o una religione, rappresentano la nostra comunità primaria, che poi si allarga via via fino a includere vecchi amici, colleghi di lavoro e famiglie che magari conosciamo attraverso le attività dei nostri figli. All'interno della comunità, il *sangha* personale è il gruppo degli amici intimi con cui ci si confida quando si è giù di morale, e con cui ci sente liberi di analizzare le proprie paure o i propri desideri più profondi. Persone che si vogliono bene e hanno fiducia le une nelle altre, e che ritengono il benessere altrui importante quanto il loro (o addirittura di più), diventano un *sangha*.

Thích Nhất Hạnh ci insegna che, quando ci uniamo agli altri, accresciamo le nostre energie, vivendo saggiamente e incoraggiando il cambiamento. «La compassione collettiva, la consapevolezza e la concentrazione ci alimentano», scrive, «ma ci aiutano anche a ridare e restituire alla Terra il suo equilibrio. Insieme, possiamo produrre una trasformazione concreta per noi e per il mondo.»

Se ritenete di non avere un *sangha* personale, concedetevi il tempo di crearvene uno. Il *sangha* è la comunità in cui si aiuta chi ha bisogno di compassione e generosità in un periodo difficile della vita. Quando si pratica la bontà, aiutando gli altri senza calcolare quanto possano dare in cambio, si costruisce una rete di sostegno fatta di amici intimi. Gli studi sulla felicità dimostrano che avere qualcuno a cui rivolgersi quando si ha bisogno d'aiuto è una fonte importante di soddisfazione nella vita.

Dobbiamo aiutare le persone vulnerabili a formare relazioni sociali che le sostengano in tempi difficili. Le comunità sparse sul territorio devono essere messe nelle condizioni di collaborare sia con i singoli sia con i gruppi, e di aiutare gli uni e gli altri a mettersi in contatto con chi ha necessità di una rete sociale di sostegno. Bisogna per esempio che gli alcolisti e i cocainomani tronchino completamente i rapporti con le vecchie conoscenze, che spesso sono a loro volta dipendenti dall'alcol o dalla droga, entrando a far parte di nuove comunità di amici solidali che non siano affetti da dipendenza.

Le famiglie che possono permettersi una casa in un buon quartiere sanno quanto è importante vivere in una comunità in cui le persone intrattengono rapporti e le scuole forniscono ai bambini una buona istruzione. Gli economisti sanno che il quartiere in cui un bambino cresce ha una notevole influenza sulle sue prospettive future. Esiste una classifica delle contee americane basata sulle opportunità di mobilità sociale che offrono a un bambino, e scorrendola si osservano notevoli variazioni da una zona all'altra. Indagini di settore hanno messo in rilievo che vi sono «grandi differenze nei risultati economici, sanitari ed educativi degli individui vissuti in un quartiere piuttosto che in un altro delle città statunitensi».

## Diventare liberi

Nell'economia buddhista, si diventa liberi quando la realtà non è più offuscata dalle idee illusorie e quando ci si rende conto che tutto è «impermanente» e interdipendente. A quel punto non si considera più la libertà come la capacità di scegliere qualcosa da un elenco interminabile di beni e servizi. La libertà diventa molte cose diverse, che variano a seconda dei valori e degli obiettivi di un individuo e della cultura e della politica del Paese di appartenenza.

Nelle nazioni in via di sviluppo, naturalmente, i diritti umani, soprattutto quelli di donne e bambini, sono indicatori fondamentali della libertà della popolazione. L'economia buddhista si basa sul principio che tutti abbiano le capacità necessarie per vivere una vita ricca di significato e i diritti umani, insieme con un governo onesto e trasparente, sono fondamentali per garantire il raggiungimento dell'obiettivo.

Nei ricchi Paesi democratici, dove i diritti umani sono diffusi e tutelati dalla legge (benché esistano ancora la violenza e le discriminazioni razziali e sessuali), «libertà» di solito significa avere il diritto di dire, agire e vivere come si crede, senza interferenze da parte di altri individui o dello Stato. Nell'economia buddhista, invece, la libertà va oltre. Libertà, per i buddhisti, significa essere messi in condizioni di vivere una vita piena e ricca di significato, una vita affrancata dalla sofferenza che provocano i *klesha* – le azioni e i pensieri nocivi – e caratterizzata da una relazione di interdipendenza con gli altri e con la Terra.

Nell'ottica buddhista, coltivare lo spirito fa parte dello stile di vita. Quando avremo sostituito alla massimizzazione del reddito e dello status l'intimità e l'affetto per gli altri, quando avremo rinunciato al desiderio e all'attaccamento per realizzare quale fortuna sia vivere, e quando rinunceremo al nostro io e alle sue incessanti pretese, comprenderemo davvero la bellezza e la gioia della vita.

Capitolo quarto

# L'INTERDIPENDENZA TRA NOI E L'AMBIENTE

*Solidali tra voi e con molte creature,*
*quanto è grande la vostra bellezza.*
*Per secoli avete resistito intrepide*
*a tempeste, incendi e siccità*
*senza mai chiedere nulla, ma*
*ora vi rivolgete a noi umani*
*per pregarci di non violentare*
*più la natura, superare l'economia*
*dei gas serra, fermare la guerra.*
*Possa la vostra voce arrivarci*
*ed essere ascoltata.*

Forest Nymph, *Ode alle sequoie*
(agosto 2015)

Il sistema economico basato sui combustibili fossili sta uccidendo la Madre Terra e, in particolare, minaccia la nostra stessa esistenza. Da quando, oltre due secoli fa, iniziò la rivoluzione industriale, le attività umane hanno scaricato anidride carbonica nell'aria, distrutto foreste e inquinato acque. Il pianeta che conosciamo non può sopravvivere a un simile assalto. Dobbiamo porre fine alla dipendenza dalle fonti fossili e all'uso irresponsabile del capitale naturale, e imparare a vivere come parte integrante dell'ecosistema, usando l'energia, la Terra e l'acqua in maniera sostenibile. I cambiamenti climatici stanno già danneggiando, perfino uccidendo, uomini e altre specie attraverso tempeste violente, siccità spietate, aumenti del livello del mare e depauperamento delle riserve d'acqua. Questi problemi saranno sempre più intensi e frequenti a mano a mano che, nei decenni a venire, la percentuale di $CO_2$ nell'atmosfera continuerà a riscaldare la Terra. Se gli individui e le nazioni non interverranno tempestivamente per guarire le ferite dell'ecosistema, forse le future generazioni non riusciranno a vivere sulla Terra.

Riconoscendo che gli esseri umani fanno parte dell'ecosistema, l'economia buddhista vede uno stretto collegamento tra le nostre attività quotidiane e l'ambiente, e raccomanda di avere a cuore la natura nel nostro agire quotidiano. Cerchiamo di non considerare più l'ambiente qualcosa da sfruttare per realizzare profitti e guadagni personali. L'ottica buddhista si concentra sulla realtà e sull'interdipendenza tra la natura e gli esseri che la popolano: essa considera degna e bella ogni persona, ogni specie, ogni pianta. Invece di sfruttare e controllare, usiamo conoscenze, volontà, talenti e libertà per vivere bene, in una maniera che giovi alla natura.

Valutando in qual modo le nostre azioni influenzino l'ambiente, l'economia buddhista persegue l'obiettivo di *non nuocere*. Considera la sostenibilità una parte esplicita del suo modello, e ritiene che tutti gli individui siano tenuti a dare il loro contributo per guarire il pianeta e sospenderne la sistematica distruzione. Ognuno di noi, sfruttando le proprie conoscenze, esperienze e capacità, ha qualcosa da offrire. Insieme, possiamo concepire nuovi modi di vivere sul pianeta che siano benefici per tutti.

L'esperienza ci ha insegnato che non sempre un maggior bagaglio di nozioni e informazioni induce a modificare il comportamento o la politica. Spesso e volentieri, la gente riconosce che esistono cambiamenti climatici nocivi provocati dall'uomo, eppure non corregge in alcun modo il proprio stile di vita; a volte, anzi, per propria personale ideologia o perché vuole continuare a consumare quanto le pare e piace, nega addirittura i dati scientifici su questi fenomeni.

## La risposta pubblica

Benché i cambiamenti climatici siano una realtà, spesso è difficile capirli e agire in maniera da contrastarli. La scienza che li studia è complessa e un profano fa fatica a decifrarla, ma dobbiamo sforzarci di comprendere, se vogliamo mettere a punto e adottare politiche economiche che mitighino il disastro incombente. Le riflessioni morali sull'ambiente forniscono un orientamento, ma da sole non si traducono in un'azione rapida e diretta. Gli individui e le industrie sono sensibili anche agli incentivi economici, e bisogna che le nazioni usino prezzi e normative per costruire un'economia sostenibile.
Gli scienziati hanno dimostrato che è iniziata la «sesta estinzione», com'è stata definita l'estinzione di specie oggi in atto. Le loro ricerche ci spiegano quanto occorrerebbe ridurre l'emissione di gas serra nell'atmosfera. Gli economisti attenti ai problemi ecologici hanno suggerito metodi per far funzionare l'economia globale in maniera sostenibile all'interno dell'ecosistema, e vari leader religiosi hanno sottolineato come quello di fermare il riscaldamento del pianeta sia un imperativo morale. Sotto il profilo politico, il mondo ha fatto qualche

passo avanti quando, alla Conferenza di Parigi sul cambiamento climatico (Cop2) del dicembre 2015, centonovantacinque Paesi, più l'Unione Europea, hanno approvato il primo accordo internazionale sul clima, che ha l'obiettivo di mantenere sotto i due gradi centigradi l'aumento della temperatura globale. Il 22 aprile 2016, Giorno della Terra, i premier di centosettantacinque Paesi si sono incontrati alle Nazioni Unite per firmare l'accordo. Ora bisogna indurre i vari firmatari a mantenere la promessa, perché in molti Paesi, tra cui i maggiori inquinatori, come Cina e Stati Uniti, la politica ostacola la realizzazione di strategie ambientali che permettano di raggiungere l'obiettivo del contenimento.
Abbiamo le conoscenze che occorrono per guarire il pianeta e l'imperativo morale necessario per passare all'azione. Bisogna trovare la volontà, sia come individui sia come nazioni, di mostrare un atteggiamento nuovo verso noi stessi e verso il pianeta. La risposta pubblica ai cambiamenti climatici deve integrare quattro fattori fondamentali: quello scientifico, quello economico, quello morale e quello politico.

## La scienza

L'economia basata sui combustibili fossili ha già destabilizzato parecchi ecosistemi planetari di cruciale importanza. Dalle numerose indagini effettuate da scienziati di tutto il mondo, risulta che il degrado ambientale è una realtà concreta e che il riscaldamento globale continuerà a produrre danni nei decenni a venire. Nel 1988, L'ONU ha creato l'IPCC, l'Intergovernmental Panel on Climate Change (Gruppo intergovernativo sul cambiamento

climatico), un foro scientifico che raccoglie centinaia di esperti di tutto il mondo e ha lo scopo di studiare le cause e le conseguenze dei cambiamenti climatici e i mezzi per ridurli. Il quinto rapporto di valutazione dell'IPCC (2014) ha indicato con chiarezza nelle attività umane la causa primaria dell'aumento dell'emissione di gas serra, che sta provocando il riscaldamento globale e modifiche dell'ecosistema. Se le varie nazioni non ridurranno immediatamente le emissioni, specie di $CO_2$, nel mondo industrializzato e le emissioni di polveri sottili nel mondo in via di sviluppo, l'umanità si troverà a vivere in un ambiente sempre più instabile, caratterizzato da tempeste violente e imprevedibili, gravi inondazioni, siccità terribili, riduzione della produzione agricola e aumento del livello dei mari.
Per oltre un trentennio, tutti hanno fatto finta di non sentire gli avvertimenti lanciati dall'esperto Jim Hansen e dall'attivista Bill McKibben in merito ai cambiamenti climatici. Nel 1988, durante la sua testimonianza al Congresso, Hansen illustrò il problema del riscaldamento globale ed esortò a ridurre le emissioni di anidride carbonica. Nel libro *La fine della natura*, uscito nel 1989, McKibben descrisse drammaticamente i pericoli dei cambiamenti climatici, ma la maggior parte della gente continuò a far baldoria, come se il pericolo del surriscaldamento globale non la riguardasse.

## Fonti di gas serra e nerofumo

Per fermare l'emissione di gas serra, dobbiamo prima sapere che cosa sono. Nel 2010, a livello globale l'anidride carbonica rappresentava il 76% dei gas serra (il 65% dovuto al consumo di carbone, petrolio e gas naturale e un altro 11% alla deforestazione e all'utilizzo del suolo). Il metano emesso costituiva il 16% (derivante da agricoltura, discariche e produzione di gas naturale, il cui principale componente è il metano), il protossido di azoto il 6% (derivante dall'uso di fertilizzanti e dalla combustione della biomassa).

Le attività economiche che provocano emissioni di gas serra sono soprattutto l'industria dell'energia (perlopiù la produzione di elettricità e riscaldamento), che rappresenta il 35%, e l'agricoltura (perlopiù l'allevamento, la coltivazione del riso, l'impiego dei fertilizzanti, la deforestazione e l'incendio dei campi), che rappresenta il 26%. L'emissione di gas serra causata dall'agricoltura sarebbe molto maggiore se non fosse che alla percentuale originaria viene sottratto l'ingente quantitativo di anidride carbonica che gli ecosistemi delle foreste *eliminano* dall'atmosfera. Un altro 21% di emissioni è indotto da industrie come quella del cemento (senza contare l'uso dell'elettricità), un altro 14% dai trasporti (auto, camion, aerei, treni e navi) e un 6% dagli edifici.

L'industria del cemento merita una menzione speciale, perché ben pochi sanno quanto sia inquinante e quanto sia importante per la crescita economica. Provoca infatti il 5% delle emissioni globali di $CO_2$, ed è la Cina a produrre quasi la metà del cemento mondiale. Senza che nessuno se ne accorga, il cemento è usato per costruire palazzi, strade, marciapiedi e dighe, e ogni abitante della Terra ne «consuma» ogni anno tre tonnellate.

Il riscaldamento globale avviene perché le attività umane producono gas serra così in fretta che la Terra non ha il tempo di assorbire il carbonio in maniera naturale e irradiare di nuovo calore nello spazio. I climatologi misurano il bilancio energetico del pianeta per vedere se quest'ultimo stia guadagnando energia (sotto forma di luce del sole assorbita) o la stia perdendo (sotto forma di radiazione termica). Lo squilibrio energetico rivela forzature climatiche nette, cioè fattori che vengono aggiunti dall'uomo al bilancio energetico e che aumentano la temperatura globale. L'anidride carbonica presente nell'atmosfera riduce la quantità di radiazione termica in uscita. La Terra assorbe in maniera naturale il carbonio e le sue principali «sentine» sono le foreste, gli oceani e il suolo. Ma queste sentine naturali non possono assorbire la quantità di carbonio che viene emessa nell'atmosfera dalle attività umane.

Nei Paesi in via di sviluppo vi è, oltre a quelle consuete, un'altra principale fonte di gas serra che contribuisce al riscaldamento globale: l'inquinamento da nerofumo, cioè la polvere fine (soprattutto il particolato carbonioso, PM2,5 o, in parole povere, la «fuliggine») emessa nell'aria dalla combustione incompleta di sostanze organiche (soprattutto gli incendi indomabili di piante e alberi che bruciano all'aria aperta), dalle popolazioni che usano escrementi di vacca e legna per cuocere e riscaldarsi, dai motori diesel e da determinate industrie (soprattutto centrali a carbone e cementifici). L'OMS, l'Organizzazione mondiale per la sanità, stima che, nel 2012, le persone decedute in tutto il mondo per inquinamento atmosferico siano state sette milioni, l'equivalente di *un decesso su otto*. Nei Paesi più poveri del Pacifico e dell'Asia sudorientale, 3,3 milioni di individui sono morti per inquinamento domestico (esalazioni prodotte dalla cucina o dal riscaldamento) e 2,6 milioni per inquinamento dell'aria (come quello prodotto dai gas di scarico delle auto, dei camion diesel, delle centrali elettriche e delle fabbriche).

La difficoltà di vivere in un'atmosfera gravemente inquinata è difficile da capire finché non la si sperimenta di persona. Ho appreso che cosa significasse questo concetto nella pratica quotidiana quando, nel febbraio del 2015, mio marito e io arrivammo a Mumbai: gli occhi ci bruciarono immediatamente e i polmoni ci urlarono di rallentare il passo, perché l'inquinamento da nerofumo, o fuliggine, provoca danni permanenti all'apparato respiratorio. Questo inquinamento affligge tutti, anche i ricchi, che non possono escluderlo dalla loro vita, anche se possono depurare l'aria in casa loro. Volammo poi a Nuova Delhi, dove l'aria, anziché «insalubre» era giudicata «pericolosa per la salute». Mio marito prese la polmonite, mentre io portavo una maschera per filtrare le polveri sottili. Il puzzo e lo smog, uniti al traffico rumoroso e caotico, rendevano disagevole e insalubre passeggiare per strada. Lasciammo Nuova Dehli con un senso di sollievo, solo per scoprire che anche in altre città dell'India settentrionale il livello di smog era pericoloso. L'India ha l'inquinamento atmosferico più elevato del mondo, e Nuova Dehli il record dell'aria peggiore del mondo.

## Il ruolo della tecnologia

Se anche gli uomini, con le loro attività, smettessero oggi stesso di emettere anidride carbonica e cessassero all'improvviso di abbattere le foreste che la assorbono, la temperatura globale continuerebbe ad aumentare, perché l'anidride carbonica permane nell'atmosfera per circa un secolo. I processi naturali attraverso cui il carbonio viene rimosso dall'atmosfera e l'energia solare si riequilibra sono molto lenti.

Nonostante le speranze di molti, è improbabile che ci salvino le nuove tecnologie, come la geoingegneria, che studia gli interventi su larga scala da effettuare sugli ecosistemi terrestri. Al momento attuale si stanno valutando due tipi fondamentali di interventi geoingegneristici: l'eliminazione di $CO_2$, che consiste nel rimuovere dall'atmosfera l'anidride carbonica per contrastare l'effetto serra e l'acidificazione degli oceani, e la riduzione della radiazione solare incidente, ossia irradiare parte dell'energia solare nello spazio per neutralizzare l'aumento della temperatura. Solo il tempo ci dirà se l'uno o l'altro metodo siano in grado di mantenere le promesse, anche se molti esperti esortano a usare la geoingegneria per impedire che il riscaldamento globale superi i due gradi, in quanto non credono che i vari Paesi riducano abbastanza in fretta le emissioni di gas serra.

Un buon esempio dei problemi che si è costretti ad affrontare nell'applicare nuove tecnologie è dato dal CCS (*carbon capture and storage*), la cattura e il sequestro del carbonio, che consiste nel rimuovere il carbonio prodotto dalle centrali a carbone. Per mettere a punto il metodo, un tempo molto pubblicizzato, si sono già spesi miliardi di dollari, ma l'industria si è mostrata restia ad adottarlo per via degli alti costi sia di installazione sia di gestione. Finora, soltanto una centrale canadese ha installato un sistema CCS, che peraltro ha avuto un cattivo rendimento, con una produzione inferiore al previsto e un inquinamento e un costo di manutenzione superiori a quelli preventivati.

Nemmeno gli ambientalisti approvano il CCS, perché la tecnica consiste nel confinare l'anidride carbonica nel sottosuolo, il che potrebbe rivelarsi pericoloso per la sicurezza. Inoltre, gli scienziati si chiedono se il CCS abbia davvero l'effetto sperato di ridurre il riscaldamento globale. Un'indagine sulla rimozione dell'anidride carbonica dall'atmosfera ha dato risultati assai deludenti, in quanto si è scoperto che l'eliminazione di $CO_2$ non ha sugli oceani l'effetto da molti sperato. Anche se venisse eliminata ogni anno una grande quantità di anidride carbonica dall'atmosfera (cinque gigatoni, o metà dell'anidride carbonica prodotta annualmente dalle attività umane), il continuo aumento dell'acidità degli oceani si ridurrebbe di pochissimo. Il guaio è che gli oceani assorbono le emissioni di anidride carbonica, diventando sempre più caldi e acidi e contenendo sempre meno ossigeno. Una volta che abbiamo emesso $CO_2$, parte di queste emissioni danneggia gli oceani anche quando, in seguito, si rimuove dall'aria l'anidride carbonica.

Un'altra considerazione da tenere presente è che le nuove tecnologie hanno spesso e volentieri conseguenze non volute. Lo sviluppo dell'etanolo, per esempio, si è rivelato una cattiva idea, perché richiede l'utilizzo di tanto terreno agricolo e fa quindi aumentare il prezzo dei cereali. Anche la fratturazione idraulica (*fracking*), che è stata messa a punto negli Stati Uniti con massicci finanziamenti statali, in un primo tempo è parsa una buona soluzione e ha raggiunto lo scopo di rendere il Paese meno dipendente dal petrolio straniero, ma ha i suoi svantaggi. Gli Stati Uniti sono diventati il maggior produttore di gas naturale del mondo, e tra il 2008 e il 2014 la loro produzione interna di petrolio è balzata all'80%, ma purtroppo si sono verificate grandi perdite di metano nei pozzi di perforazione e lungo i condotti. Inoltre, il *fracking* inietta una gigantesca quantità di acqua ad alta pressione e spesso le falde freatiche dell'area circostante vengono contaminate. In passato questa tecnica è stata definita con grande cancan mediatico una fonte fossile «pulita» per le centrali elettriche, ma il gas naturale, con le sue perdite di metano, può favorire il riscaldamento globale più in fretta del carbone.

Il tempo stringe, i costi sono alti e non c'è nessun miracolo in vista.

## Le prospettive riguardo ai cambiamenti climatici

Gli scienziati si sono dati un gran da fare per apprendere di più sulla storia e le conseguenze del riscaldamento globale, e i risultati che hanno ottenuto attraverso le loro ricerche non sono confortanti: i cambiamenti climatici si verificano ancora più in fretta del previsto, perché la temperatura globale aumenta più rapidamente di quanto si fosse pensato in origine. Uno studio dimostra come il 75% degli odierni giorni di caldo estremo e il 18% dei giorni di precipitazioni estreme, che provocano morte e disastri in tutto il mondo, siano stati causati dal riscaldamento globale.

Il riscaldamento globale produce da un lato rovesci violentissimi, dall'altro siccità terribili, perché l'atmosfera surriscaldata trattiene e poi rilascia una maggior quantità di acqua. Molte aree, come la California, dipendono dallo *snowpack* (il manto nevoso) per il rifornimento degli acquedotti, ma il clima più caldo provoca piogge intense che tendono a fluire in baie e oceani anziché diventare neve sulle montagne. Ciò significa che la popolazione umana può utilizzare meno falde freatiche e meno acque di superficie.

Con l'aumento delle temperature, le calotte glaciali della Groenlandia e dell'Antartide e tutti i ghiacciai si stanno sciogliendo. Di conseguenza, il livello dei mari si innalza, minacciando le città costiere. Anche la salute degli oceani peggiora, dato che l'acqua diventa più calda e più acida, provocando la morte delle barriere coralline e della vita marina.

Non è una novità che l'uomo reagisca troppo lentamente a eventi che si verificano a un ritmo naturale o esponenziale. Ecco un esempio tratto da un'antica leggenda scozzese. C'era una volta un lago che, oltre a fornire acqua e pesci a un villaggio, era un bel posto dove nuotare e giocare. Un giorno la gente si accorse che delle alghe verdi crescevano nell'acqua, ma non vi badarono, perché le chiazze di vegetazione erano molto piccole. Il giorno dopo, una saggia donna osservò ansiosa che le alghe erano cresciute molto in fretta e che le chiazze erano raddoppiate durante la notte. Gli anziani discussero sul da farsi. Un pescatore disse che dovevano prendere misure drastiche, perché presto le alghe avrebbero ricoperto tutto il lago e ucciso tutti i pesci. Altri dissentirono, sostenendo che conveniva aspettare di vedere se il lago tornava alla condizione normale; dopotutto, le alghe coprivano solo il 3% della superficie. Tanti espressero la loro opinione, ma non decisero nessuna azione. Passarono altri cinque giorni prima che avvenisse la catastrofe. Il giorno dopo la discussione, le alghe coprivano un sedicesimo (6%) del lago, il giorno dopo un ottavo, il giorno dopo un quarto. Dappertutto galleggiavano pesci morti e il villaggio non poté usare l'acqua né per bere né per le coltivazioni. Gli abitanti cercarono di rimuovere le alghe dal lago, ma era un'impresa disperata. Il quarto giorno, le alghe coprivano metà lago e il quinto il lago scomparve sotto di esse.

La crescita esponenziale (o geometrica) è difficile da capire per gli esseri umani, ma non è insolita in natura quando non esistono limiti naturali, come per esempio un predatore nella catena alimentare. L'uomo ha più familiarità con la crescita lineare, in cui tutto aumenta lentamente di una quantità precisa e determinata, e fa fatica a credere che la calamità possa colpire così repentinamente.

Nel nuovo millennio, quando molti hanno cominciato a rendersi conto del riscaldamento globale, gli effetti del fenomeno hanno raggiunto livelli pericolosi. Nel gennaio del 2015, l'autorevole rivista «Science» ha pubblicato due articoli sulla velocità con cui le attività umane stanno distruggendo gli ecosistemi. Nel primo, un gruppo di scienziati di tutto il mondo osservava: «Sono stati identificati due limiti fondamentali, il cambiamento climatico e l'integrità della biosfera [perdita di biodiversità], che, se venissero sensibilmente e sistematicamente superati, basterebbero da soli a precipitare il sistema Terra in un nuovo stato». L'articolo concludeva che l'obiettivo attuale, di mantenere il riscaldamento globale sotto i due gradi centigradi, spinge il pianeta oltre il limite del cambiamento climatico. Nel secondo articolo, alcuni esperti riferivano che l'attività umana sta provocando un danno senza precedenti agli oceani e alla vita marina. Gli scienziati hanno studiato la defaunazione marina, cioè la perdita di fauna negli oceani, e hanno scoperto che le attività umane hanno già danneggiato e modificato tutti i principali ecosistemi marini. L'aumento dei livelli di $CO_2$ ha reso gli oceani sempre più acidi, il che ha causato la demolizione degli esoscheletri degli invertebrati marini.

## Le riserve di acqua dolce sono minacciate

Secondo un'indagine basata su 5200 misurazioni prese a partire dal 1850, nella catena dell'Himalaya, nelle Ande, nelle Alpi e nelle Montagne Rocciose i ghiacciai si stanno «ritirando» (un eufemismo per «sciogliendo») a un ritmo sempre più rapido, con subitanei aumenti dell'acqua di disgelo che ne deriva (guardate i ghiacciai scomparire nelle foto satellitari della NASA, cliccando sui punti rossi in http://climate.nasa.gov/interactives/global_ice_viewer.) Tutta quell'acqua di disgelo contribuisce a innalzare il livello dei mari.

Il 69% dell'acqua dolce del pianeta è contenuta nei ghiacciai e nelle calotte glaciali, che l'hanno conservata congelata per migliaia di anni. Le falde acquifere (strati sotterranei di roccia permeabile saturi di acqua) forniscono un altro 30% dell'acqua dolce, mentre il rimanente 1% si trova in fiumi, laghi e atmosfera. Anche le falde acquifere soffrono per la siccità e lo sfruttamento eccessivo. Le riserve d'acqua delle nostre falde freatiche non possono tenere il passo da un lato con le esigenze sempre più grandi dell'agricoltura, che utilizza il 70% dell'acqua dolce consumata globalmente, dall'altro con le industrie – perlopiù site in aree connesse all'energia – e la popolazione. La gestione delle risorse idriche è assolutamente cruciale per il nostro futuro. Si preleva molta più acqua di quella che è consumata, e tanta preziosissima acqua dolce viene sprecata. Da uno studio decennale delle falde acquifere globali risulta che i livelli dell'acqua in ventuno delle trentasette maggiori falde acquifere, dall'India alla Cina, dagli Stati Uniti alla Francia, sono scesi sotto il punto critico di sostenibilità, il che significa che viene prelevata più acqua di quella che è restituita alla Terra. La falda acquifera più sfruttata, quella della penisola araba, fornisce acqua a oltre 60 milioni di persone e accusa un rapido impoverimento, cui non fa da contrappeso alcun nuovo apporto. La carenza di risorse idriche e la siccità rappresentano danni potenziali immensi. Si calcola per esempio che, entro la fine del secolo, gli Stati Uniti potrebbero subire una perdita economica di 180 miliardi di dollari a causa della siccità e della scarsità d'acqua.

Gli studi scientifici sulle conseguenze del riscaldamento globale e dell'esaurimento delle risorse naturali proseguono, e potete aggiornarvi sulle nuove scoperte online. Una fonte preziosa è «The Guardian»: il quotidiano britannico ha alcuni redattori esperti dell'argomento, che si occupano di cambiamenti climatici: http://www.theguardian.com/us/environment.

## La sesta estinzione

Per capire come il riscaldamento globale stia modificando gli ecosistemi del nostro pianeta, proviamo ad analizzare meglio la «sesta estinzione», che alcuni ritengono sia già in atto a causa del recente, rapido declino di parecchie specie. Le estinzioni di massa costituiscono un avvenimento raro nella storia della Terra. La

quinta estinzione di massa, all'epoca in cui scomparvero i dinosauri, avvenne 65 milioni di anni fa, mentre la prima risale a 440 milioni di anni fa.
Quanto è grave l'attuale danno alla biodiversità? Nel corso di una ricerca si è analizzato il ritmo di estinzione dei vertebrati (mammiferi, uccelli, rettili, anfibi e pesci) nell'ultimo secolo, e si è scoperto che è spaventosamente elevato. In tale periodo sono scomparse più specie che nell'arco di tempo che va dagli ottocento ai diecimila anni fa. Secondo un'altra indagine, l'estinzione delle specie accelererà con l'aumentare della temperatura globale e, nelle condizioni attuali, una specie su sei è minacciata.
Per ogni specie che rischia l'estinzione ce n'è almeno una che «mette a repentaglio le altre», come l'uomo, la cui attività, distruggendo habitat e provocando il riscaldamento globale, uccide le altre specie. Poiché dominano la natura, gli esseri umani finiscono per essere una specie invasiva e predatrice, che scaccia rane, balene e piante locali.
Benché la climatologia sia complessa, il problema fondamentale è semplice: le attività umane scaricano carbonio nell'atmosfera, sconvolgendo così il bilancio energetico del pianeta e aumentando la temperatura globale. Quando, a metà Settecento, iniziò l'era industriale, l'esistenza umana ne fu trasformata. Il tenore di vita dei Paesi industrializzati aumentò, e sempre più individui poterono condurre una vita più piacevole e agiata. Purtroppo, però, le economie basate sui combustibili fossili hanno incrementato anche la percentuale di $CO_2$ nell'atmosfera, portandola dalle 280 ppm (parti per milione) del 1750 alle 400 del 2016.

Non è detto che siamo davvero nel bel mezzo della sesta estinzione, ma una cosa è certa: la Terra è entrata in una nuova epoca, il cosiddetto «Antropocene», in cui le attività umane forgiano, e in molti casi distruggono, l'ambiente.

## Lasciateli nel sottosuolo

La climatologia ci fornisce ampie prove del riscaldamento globale e ci avverte che non possiamo continuare a riscaldare la Terra. Le uniche incertezze riguardano tre fattori: quanto la Terra si possa riscaldare senza provocare risultati catastrofici, con quanta celerità avvengano i cambiamenti climatici e quanti danni tali cambiamenti provocheranno nei prossimi decenni. L'accordo di Parigi, siglato nel 2015 sotto l'egida dell'ONU, auspicava che si mantenesse l'aumento della temperatura globale sotto i due gradi centigradi rispetto ai livelli preindustriali e che si cercasse di limitare questo aumento a un grado e mezzo. Benché l'obiettivo dei due gradi risalga agli anni Ottanta e l'Unione Europea se lo sia posto già nel 1996, questo traguardo potrebbe rivelarsi da un lato troppo difficile da raggiungere per certi Paesi, dall'altro troppo ottimistico per la stabilità degli ecosistemi terrestri. Per avere il 50% delle probabilità di rimanere sotto il tetto dei due gradi, la $CO_2$ atmosferica dovrebbe restare sotto le 450 ppm, il che significa che le emissioni cumulative di anidride carbonica dovrebbero, tra il 2011 e il 2050, limitarsi a 1100 gigatoni. Nel 2012 la Terra si era già riscaldata di 0,8 °C e l'anidride carbonica presente nell'atmosfera riscalderà il pianeta di altri 0,8 °C entro la fine del secolo. Anche se non usassimo più i combustibili fossili, la Terra sarebbe di 1,6 °C più calda. I gas serra contenuti nelle attuali riserve di combustibili fossili (petrolio, gas, carbone) sono il triplo dell'obiettivo che consideriamo sicuro. E le riserve di combustibili fossili che potrebbero essere sfruttate in futuro sono, secondo le stime, oltre dieci volte maggiori dell'obiettivo ritenuto sicuro. Se si vuole rispettare l'accordo sull'aumento massimo di due gradi, oltre l'80% delle attuali riserve di carbone, metà delle riserve di gas e un terzo delle riserve di petrolio devono rimanere nel sottosuolo. Nel frattempo, sempre più prove lasciano pensare che due gradi siano troppi. Molti parlano adesso di un obiettivo di un grado e mezzo, che significa meno di 350 ppm di $CO_2$. Ma il tetto di 350 parti per milione è già irraggiungibile. Nel 2015, l'anidride carbonica nell'atmosfera era già 400 parti per milione, e continuiamo a pompare nell'aria gas serra.

Potete tenervi informati sull'aumento di $CO_2$ nell'atmosfera e rispondere con azioni concrete.

Poiché le conseguenze devastanti del riscaldamento globale sono già un dato di fatto, oggi si studia il modo in cui la Terra evolverà a mano a mano che l'ambiente si surriscalderà e gli oceani diventeranno più acidi. Nella maggior parte dei Paesi, gli esseri umani faranno forse fatica a sopravvivere. La vita non umana proseguirà sotto varie forme e aspetti, anche se forse non quelli che conosciamo e amiamo. I nuovi ecosistemi saranno più semplici, con meno specie animali e vegetali. In un primo tempo saranno dominanti le specie capaci di diffondersi e adattarsi in fretta a nuove regioni e a temperature più calde.

Fino a poco tempo fa, credevamo di avere molto tempo a disposizione per passare alle energie rinnovabili, sviluppare nuove tecnologie e rendere le nostre città più resilienti. Oggi constatiamo che avremmo dovuto già da tempo smettere di usare il carbone, la forma di energia più sporca, e adottare fonti più pulite per l'elettricità, i trasporti e l'industria. Le industrie del combustibile devono assolutamente lasciare nel sottosuolo gran parte dei giacimenti di gas, petrolio e carbone esistenti, e non continuare a investire nelle fonti fossili. Sappiamo che dobbiamo smettere di distruggere le foreste pluviali e porre fine all'abuso di pesticidi, fertilizzanti e acqua in agricoltura. Che cosa ci impedisce di salvare il pianeta e noi stessi?

## L'economia

Secondo gli economisti liberisti, se finora le nazioni e i popoli non hanno preso i provvedimenti necessari a fermare il riscaldamento globale, vuol dire che pensano che fermarlo costi troppo e il gioco non valga la candela. Inoltre, quando effettuano l'analisi costi-benefici, alcuni economisti sottovalutano i costi del riscaldamento globale e i benefici di una sua riduzione, concentrandosi solo sull'obiettivo di incrementare il reddito e massimizzare il profitto sugli investimenti a breve termine. Confrontano per esempio quanto si guadagnerebbe investendo nelle misure di riduzione e adattamento ai cambiamenti climatici con quanto si guadagnerebbe, in alternativa, investendo in nuove tecnologie, istruzione e salute nell'arco di un decennio. Sostengono che gli investimenti miranti ad aiutare la popolazione dei Paesi poveri, come i fondi per l'istruzione o per la terapia anti-AIDS e anti-malaria, hanno un rendimento più alto degli investimenti volti a ridurre il riscaldamento globale, e devono quindi avere la precedenza. Altri alfieri dell'economia di mercato affermano che prima di tutto dobbiamo pensare a incrementare la crescita economica per ridurre la disoccupazione e aumentare i salari, e che solo in un secondo tempo potremo occuparci dei cambiamenti climatici. Sono argomenti miopi, in quanto ignorano le minacce imminenti e future che il riscaldamento globale rappresenta per la popolazione dei Paesi in via di sviluppo.

L'ottica buddhista, che segue l'impostazione dell'«economia verde», si basa sulla premessa che l'uomo fa parte della natura e che tra l'uno e l'altra vi è interdipendenza. Se la nostra generazione non vorrà lasciare in eredità ai suoi figli un mondo soffocato da una temperatura intollerabile, spazzato da uragani, devastato da furiosi incendi, minacciato da un alto livello dei mari e funestato da risorse alimentari e idriche sempre più scarse ed ecosistemi al collasso, dovrà effettuare un'analisi economica che colleghi il benessere umano con la salute dell'ecosistema.

L'economia di mercato e l'economia buddhista non sono d'accordo sui metodi per ridurre il riscaldamento globale. Secondo la prima, si possono indurre i mercati a funzionare bene imponendo una *carbon tax* che rifletta i costi dell'inquinamento: in quel caso, saranno gli stessi prezzi di mercato a sollecitare gli investimenti adatti a ridurre il riscaldamento globale. Secondo l'ottica buddhista, invece, la carbon tax contribuirebbe effettivamente a guidare industrie e consumatori nelle loro scelte connesse all'energia, ma i mercati, da soli, non possono e non debbono controllare tutti gli aspetti dell'utilizzo degli ecosistemi da parte dell'uomo.

## La sostenibilità

I climatologi e gli economisti liberisti danno risposte assai diverse al quesito: «Che cos'è la sostenibilità?». Questa domanda in pratica significa: l'odierna qualità della vita può essere pari, o addirittura superiore, per le generazioni future?

Gli economisti liberisti hanno adottato il concetto di *sostenibilità debole*, secondo il quale l'uomo può liberamente sostituire vari input nel processo di produzione: in altre parole, il capitale creato dall'uomo (tecnologia, macchine, know-how) e il capitale naturale (foreste, minerali, pesci) sono intercambiabili in una varietà di combinazioni. Possiamo per esempio usare più tecnologia e meno energia (o meno capitale naturale di altro tipo), oppure meno tecnologia e più energia, senza diminuire la produzione. Nel concetto di sostenibilità debole, il capitale naturale non limita la produzione e gli uomini controllano l'ambiente e l'utilizzo delle risorse naturali. Si ricorre ai modelli di mercato per valutare il riscaldamento globale e il suo effetto economico, senza preoccuparsi della distruzione di ecosistemi cruciali. Quanto alle future generazioni, non importa se la generazione odierna consuma tutte le risorse non rinnovabili o inquina l'atmosfera, purché essa compensi queste perdite trasmettendo ai discendenti abbastanza capacità produttiva (macchine, edifici, tecnologia) e abbastanza reddito.

Seguendo il suggerimento dei climatologi, l'economia buddhista adotta invece il concetto di *sostenibilità forte*: esistono limiti fisici al capitale naturale e gli ecosistemi più importanti vanno preservati. Questi limiti impongono rigorosi vincoli all'attività economica. Il capitale

artificiale e il capitale naturale *non sono* intercambiabili. L'analisi economica dei cambiamenti climatici deve porre un freno all'intercambiabilità nel processo di produzione, riconoscendo i limiti fisici del capitale naturale per preservare gli ecosistemi più importanti del pianeta. La sostenibilità forte considera l'uomo parte integrante degli ecosistemi terrestri: gli esseri umani non devono dominare l'ambiente per il proprio tornaconto personale. Non si può più considerare utile un'analisi costi-benefici basata sulla sostenibilità debole, perché non si può più fingere che vi sia un'intercambiabilità tra capitale artificiale ed elementi del capitale naturale come l'aria e l'acqua pulite, la cui esauribilità è evidente. Quando saranno stati raggiunti i limiti fisici del capitale naturale, l'economia non potrà più ignorarli. I modelli economici andranno a sbattere contro un muro, il muro dei limiti naturali. Viviamo su un pianeta finito.
Che in passato considerassimo la sostenibilità debole o forte non aveva molta importanza, perché l'economia globale era ben lontana dai cruciali confini che mettono a repentaglio gli ecosistemi essenziali alla vita sulla Terra. Si poteva accettare, nel processo di produzione, l'intercambiabilità tra capitale artificiale e capitale naturale, perché quest'ultimo non aveva i limiti odierni. Oggi gli scienziati sono finalmente riusciti a convincerci che gli ecosistemi naturali hanno confini precisi, anche se non sappiamo ancora bene quali essi siano.

## Le generazioni future

Gli economisti hanno tardato anche molto ad assimilare i dati della climatologia e a inserirli nelle loro simulazioni, e questo proprio quando i costi dell'inerzia diventavano immensi per le generazioni future. In parte ciò è accaduto perché gli economisti sono molto bravi a elaborare favolose simulazioni basate sulla sostenibilità debole. Continuano a non essere d'accordo sui costi e i benefici precisi della riduzione del riscaldamento globale, e sulla velocità con cui si dovrebbero ridurre le emissioni di anidride carbonica.

Il loro disaccordo riguarda due temi chiave: quale valore diano all'ambiente le generazioni odierne e future, e come includere nei calcoli il rischio di un'evoluzione climatica catastrofica.

I danni provocati dall'anidride carbonica nell'atmosfera aumentano molto più in fretta della quantità di $CO_2$ emessa all'anno, perché il carbonio permane nell'atmosfera per decenni o addirittura secoli. I modelli economici simulati che si basano sugli odierni prezzi di mercato dell'energia non rappresentano in maniera realistica i costi e i benefici futuri di una riduzione dei gas serra, perché le voci delle future generazioni non sono ascoltate, mentre l'industria dei combustibili fossili usa il suo denaro e il suo potere per influenzare prezzi e normative. Questi modelli includono un'analisi costi-benefici basata sull'odierna distribuzione sbilanciata dei redditi e del potere, riproducendo così la diseguaglianza sia all'interno dei Paesi sia tra un Paese e l'altro e tra una generazione e l'altra.

Un input importante nell'analisi costi-benefici è il valore dell'ecosistema per le generazioni future, che è rappresentato dal tasso di sconto temporale. (Questo tasso, calcolato come un tasso d'interesse, dà una misura di quanto il benessere delle generazioni future viene ridotto o «scontato» rispetto a quello delle generazioni attuali.) Gli alfieri del libero mercato, ritenendo che le future generazioni saranno più ricche, assegnano scarso valore al fatto di trasmettere un ecosistema integro ai posteri e quindi adottano un tasso di sconto alto, mentre gli analisti buddhisti, convinti che il benessere delle generazioni future sia importante quanto il nostro, adottano un tasso di sconto basso.

Molti economisti sono d'accordo con la visione buddhista. Per esempio il Rapporto Stern (2006), che fu steso per il governo britannico e studiava i mezzi per evitare di caricare sulle spalle delle future generazioni il peso degli handicap dati dai cambiamenti climatici, adottava un tasso di sconto basso, vicino allo zero (0,01%). Il rapporto concludeva che i danni causati dai cambiamenti climatici erano ingenti e che bisognava ridurre immediatamente le emissioni di gas serra. Altri economisti, invece, sostengono maggiormente la visione liberista. William Nordhaus, il più autorevole degli economisti americani che hanno dedicato molti dei loro studi all'ambiente, ha messo a punto strategie per affrontare i cambiamenti climatici basandosi su un'analisi costi-benefici che adottava un tasso di sconto del 3%. Nel 1990, Nordhaus auspicava che venisse bloccato l'avvio di politiche che riducessero l'uso di combustibili fossili, perché secondo i suoi calcoli i costi superavano i benefici.

Vi parrà forse una pignoleria stare a discutere se adottare nei modelli un tasso di sconto basso o alto, ma questo dettaglio produce una differenza enorme al momento di stimare costi e benefici delle strategie volte a limitare i danni dei cambiamenti climatici

nell'arco di molti decenni. L'odierna valutazione dei benefici futuri risulta molto maggiore se si sceglie un tasso di sconto più basso.
Sono noti i limiti dei modelli economici previsionali. L'economista del MIT Robert Pindyck li critica perché, dice, prevedono il danno graduale provocato dal riscaldamento globale, ma ignorano gli eventuali esiti climatici catastrofici. I modelli di cambiamento climatico prevedono una distribuzione dell'aumento delle temperature globali *medie* che oscilla tra 0,4 °C e 2,2 °C entro il 2050, a seconda della quantità di gas serra che emettiamo nell'atmosfera. Purtroppo, però, le curve di distribuzione hanno la «coda lunga e grassa», il che significa che esiste l'elevata probabilità di registrare temperature superiori alla media. In altre parole, esistono possibilità inaccettabili di calamità, che vanno da una notevole riduzione della produzione globale alla fine della vita quale noi la conosciamo. Pindyck consiglia di effettuare una semplice analisi focalizzata su una gamma di variazioni catastrofiche della produzione (PIL) per fare una stima grezza di quanto costerebbe, al netto, evitare esiti inaccettabili.

## Carbon tax

Una delle misure su cui l'economia di mercato e l'economia buddhista sono d'accordo è la carbon tax, o ecotassa, anche se i buddhisti ritengono che, da sola, tale imposta non servirebbe a rimediare al problema. Bisogna assolutamente includere nel prezzo dei combustibili fossili il costo sociale delle emissioni di anidride carbonica, cioè il costo, per le generazioni odierne e future, dell'inquinamento provocato da ciascuna tonnellata di gas serra. La carbon tax può assumere anche la forma di imposta *cap and trade* (tetto e scambio), che impone un tetto alle emissioni e permette alle aziende di comprare e vendere i diritti di emissione. Perché l'ecotassa sia efficace nell'economia globale, si potrebbero usare delle tariffe che obblighino le nazioni a rispettare le regole.

La carbon tax garantirebbe che l'inquinamento e il degrado ambientale non fossero più ritenuti «beni non economici». Gli individui e le aziende che usano i combustibili fossili devono pagare l'inquinamento e i danni ambientali che provocano. Come osservano gli economisti, la carbon tax eliminerebbe il problema del «furbo che sfrutta senza pagare». Farebbe aumentare il prezzo di mercato dei combustibili fossili, il che indurrebbe a passare dalle fonti fossili all'energia rinnovabile. Prezzi del petrolio più alti renderebbero più competitive le aziende che hanno emissioni basse o nulle di carbonio, incoraggerebbero gli investimenti in energia pulita e rappresenterebbero, per i consumatori, un incentivo a usare meno le fonti fossili.

Più viviamo sulla nostra pelle i danni causati dal riscaldamento globale e diventiamo consapevoli di quale calamità sia nuocere a ecosistemi cruciali, più il calcolo del costo sociale delle emissioni di gas serra diventerà preciso. Oggi e in futuro, non dobbiamo permettere che siano le industrie dei combustibili a intervenire per regolare i prezzi e gli usi di queste fonti di energia.

### Il costo futuro dei cambiamenti climatici

I cambiamenti climatici rappresentano una minaccia per la teoria secondo la quale il libero scambio sarebbe in grado di garantire un progresso economico infinito. Gli alfieri del liberismo ribattono quindi agli ambientalisti che il riscaldamento globale è una frottola o che non è provocato dall'uomo. Il loro mantra è «avanti tutta» con il modello di economia che conosciamo.

Secondo una ricerca condotta da Citigroup e dall'Università di Oxford, «mantenere a tutti i costi lo status quo» costerà caro. Lo studio confronta le passività presunte, o i costi netti, che dovrebbero affrontare i vari Paesi del mondo se non facessero niente per ridurre i gas serra, e il costo degli investimenti necessari per attuare una strategia globale di contenimento delle emissioni. La conclusione è che possiamo permetterci di agire e non possiamo permetterci di non agire. Un'indagine dell'«Economist» è giunta a conclusioni analoghe: entro la fine del secolo, gli investitori privati rischiano di perdere oltre quattromila miliardi di dollari di *asset* in conseguenza dei devastanti effetti dei cambiamenti climatici, o perché le azioni del settore combustibili calerebbero con il declinare delle fonti fossili o perché si svaluterebbero tutte le industrie se l'emissione di gas serra continuasse.

## L'etica

Papa Francesco ha riassunto la dimensione morale dei cambiamenti climatici nella sua enciclica *Laudato si'*, emanata nel maggio del 2015. *Laudato si'* inizia con un'eloquente rappresentazione del nostro rapporto con la natura. Papa Francesco si fa paladino della Terra, dicendo:

*Questa sorella [la Madre Terra] protesta per il male che le provochiamo, a causa dell'uso irresponsabile e dell'abuso dei beni che Dio ha posto in lei. Siamo cresciuti pensando che eravamo suoi proprietari e dominatori, autorizzati a saccheggiarla. La violenza che c'è nel cuore umano ferito dal peccato si manifesta anche nei sintomi di malattia che avvertiamo nel suolo, nell'acqua, nell'aria e negli esseri viventi.*

Il papa riassume poi i dati scientifici fondamentali sui cambiamenti climatici e, con un ragionamento molto convincente, spiega perché le attività che provocano il riscaldamento globale siano immorali. Osserva che la nostra economia si basa sulla cultura dello spreco, sull'uso intensivo dei combustibili fossili e sulla deforestazione, tutti fattori che minacciano il pianeta. Descrive i danni recati a risorse essenziali come l'acqua potabile, l'agricoltura, l'energia pulita e la biodiversità, e aggiunge che sono i poveri a subire i danni maggiori. L'attività che provoca i cambiamenti climatici è immorale e dunque un peccato, perché i cambiamenti climatici nuocciono alla Terra e uccidono le persone e le specie. Abbiamo, prosegue il pontefice, il dovere morale di modificare immediatamente il nostro modo di vivere. Collettivamente, dobbiamo porre fine alle attività che provocano il riscaldamento globale, devastano l'ambiente e sfruttano all'eccesso il capitale naturale.
Papa Francesco sostiene che ciascuna generazione è legata all'altra e alla Terra, e che questo è il motivo per cui dobbiamo avere cura degli altri e della nostra casa comune. Osserva che il capitale naturale pone un limite alla crescita e che, perché la vita sia ricca di significato, occorre ben più del mero benessere materiale.

Questo è l'atteggiamento che ha assunto anche l'economia buddhista, tuttavia il papa afferma che la crescita demografica non rappresenta un problema, mentre il buddhismo ha un'altra posizione al riguardo: a mettere sotto eccessiva pressione l'ecosistema, afferma infatti, sono sia la sovrappopolazione sia lo stile di vita materialistico. Se vogliamo offrire a tutti istruzione, assistenza sanitaria e altri beni e servizi fondamentali, dobbiamo chiederci: «A quanti individui può dare sostentamento il nostro pianeta?». L'impronta ecologica è l'indicatore che, misurando il consumo umano, fornisce la risposta a questa domanda, ed è una risposta scioccante: *l'impronta ecologica supera già oggi le risorse globali*. Già oggi l'attività umana non è sostenibile, anche se miliardi di indigenti sono ancora privi dei beni essenziali, come vitto, alloggio, acqua, assistenza sanitaria, istruzione e vita sociale.
L'impronta ecologica di un Paese è la quantità di risorse naturali necessarie a sostenere il suo stile di vita. Nel 2010, quando la popolazione mondiale si avvicinava ai sette miliardi, gli esseri umani usavano circa il 50% di risorse in più di quelle che il pianeta è in grado di rigenerare, il che si traduceva in un'impronta ecologica di una Terra e mezzo, ovviamente non sostenibile. Ora immaginiamo che la popolazione dei Paesi in via di sviluppo si metta a emulare lo stile di vita (e i consumi medi) della popolazione degli Stati Uniti: subito l'impronta ecologica lieviterebbe a ben quattro Terre, senza contare la proiezione della crescita demografica, che prevede entro il 2050 altri due miliardi di persone.
Secondo l'ottica buddhista, tutti avranno vitto, alloggio e una vita sociale adeguata solo se la popolazione mondiale si stabilizzerà e se si consumeranno le risorse

in maniera più equa. Oltre al fatto che la sovrappopolazione provoca danni alla Terra, c'è da considerare che un eccessivo numero di gravidanze nuoce alla salute delle madri e che le famiglie soffrono quando i bambini non hanno da mangiare o non arrivano a festeggiare neanche il loro primo compleanno.

Nei suoi oltre trent'anni di insegnamento, il Dalai Lama ha espresso preoccupazione per l'ambiente. Sua Santità ha parlato del fragile ecosistema dell'altopiano del Tibet e dei ghiacciai himalaiani, chiamati «il terzo polo». L'altopiano è composto per il 70% da permafrost, contenente vaste riserve di anidride carbonica e metano che verranno rilasciate quando il ghiaccio si scioglierà. In questo terzo polo, che contiene il 40% dell'acqua dolce della Terra e alimenta sette importanti fiumi dell'Asia meridionale, la temperatura sta aumentando a un ritmo triplo della media globale. Parlando dell'argomento, il Dalai Lama ha osservato con un sorriso che sarebbe illogico pregare Dio o il Buddha per trovare una soluzione, perché è stato l'uomo a creare il problema e deve essere l'uomo a scongiurare il disastro risolvendolo.

Analogamente, nella sua *Lettera d'amore alla Terra* il maestro buddhista vietnamita Thích Nhất Hạnh scrive che gli esseri umani dipendono dalla Madre Terra, e che bisogna imparare ad amarla e ad attribuirle il giusto valore. La Terra ci ha fatto nascere e noi torniamo nel suo grembo quando moriamo. La Terra ci dà tutto quello di cui abbiamo bisogno per condurre una vita sana e gioiosa. Thích Nhất Hạnh suggerisce di esprimerle gratitudine a ogni pasto, perché il pasto rappresenta i doni che la natura ci ha dato, come il tè e il pane.

Nell'ottobre del 2015, i capi buddhisti di tutto il mondo hanno firmato una dichiarazione con cui esortavano i leader del mondo a mantenere l'aumento della temperatura globale sotto un grado centigrado e mezzo. Invitavano poi le nazioni a passare a un'economia a basso contenuto di carbonio, e i Paesi ricchi a fornire finanziamenti ai Paesi poveri più vulnerabili. Nella dichiarazione sottolineavano anche che gli individui dovrebbero darsi da fare per «tutelare le foreste, passare a una dieta vegetariana, ridurre i consumi, riciclare, convertirsi alle energie rinnovabili, volare meno e prendere i mezzi di trasporto pubblici».
Anche altri eminenti capi religiosi hanno riconosciuto la validità dei dati scientifici che dimostrano l'esistenza di un cambiamento climatico antropogenico, ed esortato gli individui e le nazioni a collaborare per attenuarne le cause. Nel 2015, sessanta rappresentanti del mondo islamico si sono riuniti per redigere la «Dichiarazione islamica sul cambiamento climatico», in cui hanno invitato un miliardo e seicento milioni di musulmani di tutto il mondo a eliminare gradualmente le emissioni di gas serra e passare il prima possibile alle energie rinnovabili. Hanno sottolineato inoltre che una crescita economica illimitata in un pianeta dalle risorse limitate non è praticabile, e auspicato un «nuovo modello di benessere» che non esaurisca le risorse, non provochi degrado ambientale e non accentui le diseguaglianze.
Sia papa Francesco sia il Dalai Lama sottolineano che la guerra non è moralmente accettabile, in quanto è una violenza contro gli esseri umani e la natura. Le emissioni di $CO_2$ legate all'attività militare non sono calcolate nelle statistiche sulle emissioni dei vari Paesi.

Si stima che tra il 2003 e il 2010, durante le operazioni militari americane relative alla guerra in Iraq, siano state emessi dai 160 ai 500 milioni di tonnellate di $CO_2$, cifra in cui, tra l'altro, non sono incluse le emissioni derivanti direttamente dalle esplosioni. Più la salute, il tempo atmosferico e la sicurezza subiranno le conseguenze dei cambiamenti climatici, più la gente diventerà consapevole della situazione e forse le nazioni saranno maggiormente disposte a prendere provvedimenti. Se ciò non avverrà, individui e Paesi combatteranno per l'energia, l'acqua e il cibo, e tale lotta finirà per rappresentare una minaccia per la sicurezza nazionale tanto dei Paesi ricchi quanto dei Paesi poveri. Questa nuova forma di diseguaglianza avrà sulla vita e la sopravvivenza delle persone un effetto assai maggiore di quello rappresentato dalla sperequazione dei redditi. Come il segretario di Stato John Kerry ha ricordato agli studenti di Giacarta nel 2014: «Oggi i cambiamenti climatici si possono considerare l'arma di distruzione di massa più terribile del mondo».

## L'alimentazione e le emissioni di gas serra

Molti sono vegetariani perché non vogliono che, per dare loro da mangiare, vengano uccisi degli animali. Ma ora che il riscaldamento globale sta uccidendo molte specie, il motivo per essere vegetariani va ben al di là del problema etico di uccidere animali a scopo di sussistenza.

L'alimentazione ha molta influenza sulla quantità di emissioni di $CO_2$. Se per esempio si mangia un etto di carne al giorno, che per la maggior parte dei consumatori di carne rappresenta una sola porzione, si ha un'emissione di circa 7,2 chili di anidride carbonica. Se si è vegetariani, l'emissione quotidiana di anidride carbonica di cui si è responsabili è la metà.

Se si è carnivori, è molto importante anche il tipo di carne che si mangia. Il consumo di manzo e agnello ha conseguenze molto più negative sulla Terra, l'acqua e le emissioni di $CO_2$ del consumo di pollo, maiale, pesce e uova (figura 1).

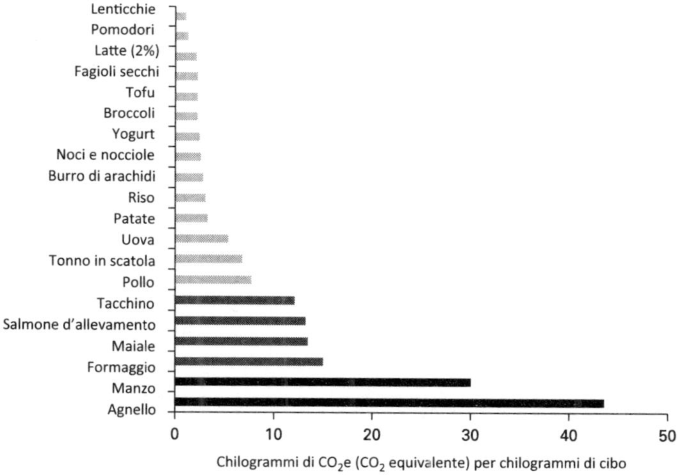


**Figura 1 – Emissioni di gas serra di origine alimentare**. Chilogrammi di $CO_2e$ ($CO_2$ equivalente) per chilogrammo di alimento (dall'azienda agricola alla tavola). Fonte: http://www.ewg.org/meateatersguide/a-meat-eaters-guide-to-climate-change-health-what-you-eat-matters/climate-and-environmental-impacts/. Copyright © Environmental Working Group, www.ewg.org. Riproduzione autorizzata.

Se non consumiamo manzo o agnello, i danni ambientali causati alla Terra dall'alimentazione si riducono parecchio, perché i bovini mangiano e digeriscono il cibo in maniera poco efficiente e al momento attuale

vengono diboscate foreste per allevarli. Se toglierete il manzo e l'agnello dal vostro regime alimentare e consumerete meno di un etto di carne al giorno, la vostra circonferenza vita probabilmente diminuirà, assieme all'impronta del carbonio.
Se si riducono le emissioni di carbonio mangiando meno carne, si userà anche meno acqua. L'impronta del carbonio e l'impronta idrica viaggiano lungo la stessa strada. Informatevi su quanta acqua viene utilizzata per coltivare certe piante alimentari, allevare bestiame e creare altri prodotti sul sito http://waterfootprint.org/en/resources/interactive-tools/.

## L'impronta ecologica

Quando si è in armonia con l'ecosistema, conservare le risorse e tutelare l'ambiente hanno un valore intrinseco e diventano un modo di vivere. Metteremo allora in standby il portatile quando ci concediamo una pausa dal lavoro, raccoglieremo le cartacce da terra durante una passeggiata, compreremo frutta e verdura a chilometro zero, faremo compostaggio, ricicleremo tutto senza mettere praticamente nulla nella discarica, prenderemo i mezzi pubblici o la bicicletta invece dell'auto e quando avremo freddo ci metteremo una giacca o una coperta addosso invece di accendere il riscaldamento.
Si può essere «verdi» in molti altri modi, nelle proprie attività quotidiane. Spesso queste attività rappresentano anche un'occasione per riflettere e ammirare la natura. Raccogliere per esempio l'acqua della doccia o della lavatura dei piatti e con quella innaffiare le piante in giardino mi consente di godermi la bellezza della

natura e di sentire il legame con la Madre Terra, che dà sostentamento a tutti noi.

Nel modello dell'economia di mercato, il tempo di un individuo è considerato troppo prezioso per essere sprecato per risparmiare energia o ridurre gli sprechi. «Alla fin fine, siccome sul lavoro guadagno cinquanta dollari all'ora, mi disturberei a riciclare solo se l'operazione mi valesse la stessa cifra, ma non la vale» mi ha detto un conoscente.

Concedetevi qualche minuto per calcolare online l'impronta ecologica e l'impronta del carbonio. Apprenderete molto su come potete correggere il comportamento in maniera da ridurre l'impronta e vivere più in armonia con la natura. Provate a calcolare la vostra impronta ecologica sul sito http://www.wwf.org.au/our_work/people_and_the_environment/human_footprint/footprint_calculator/. Potete calcolare l'impronta del carbonio in http://www.nature.org/greenliving/carboncalculator/index.htm o in http://www3.epa.gov/carbon-footprint-calculator/.

## Interventi a livello internazionale: la politica

Il riscaldamento globale è difficile da affrontare, perché ha effetti diffusi che non conoscono confini nazionali. I costi della riduzione delle emissioni di gas serra, invece, sono sostenuti da ciascun Paese o località.

Indipendentemente da quanto, sotto il profilo storico, una nazione abbia contribuito a provocare il riscaldamento globale o da quanto abbia patito le conseguenze negative dei cambiamenti climatici, è assolutamente necessario che l'intera comunità internazionale prenda provvedimenti su quattro fronti: (1) ridurre le emissioni di gas serra per mantenere sotto i 2 °C il riscaldamento globale; (2) incrementare la resilienza delle varie comunità umane nell'affrontare il clima estremo e l'aumento del livello dei mari; (3) ridurre i consumi eccessivi e garantire i consumi essenziali a tutti; (4) limitare la crescita demografica. Non possiamo puntare meno a un obiettivo piuttosto che a un altro: ciascuno dei quattro svolge un ruolo cruciale nella nascita di un'economia globale sostenibile. Non possiamo mantenere uguali o quasi le emissioni e in compenso aumentare la resilienza, né possiamo lasciare uguali i consumi e in compenso ridurre la crescita demografica: dobbiamo essere attivi su tutti e quattro i fronti.

## Le emissioni di gas serra oggi e in passato

Poiché ai sistemi naturali occorrono decenni o addirittura secoli per assorbire il carbonio dell'atmosfera, è evidente che sono stati gli Stati Uniti e altri Paesi industrializzati a produrre la maggior parte dell'anidride carbonica scaricata in aria tra il 1850 e il 2007. Gli Stati Uniti, in particolare, sono responsabili del 29% delle emissioni storiche di $CO_2$, una percentuale pari a quella dei successivi quattro Paesi messi insieme: Cina (9%), Russia (8%), Germania (7%) e Gran Bretagna (6%). A metà degli anni Settanta la Cina ha cominciato a crescere economicamente e dopo il 2000 lo ha fatto in maniera esponenziale, cosicché le sue emissioni di $CO_2$ e di particolato sono aumentate in proporzione.
Proviamo ad analizzare tutte le emissioni di gas serra, causate soprattutto dai combustibili fossili, dalla defo-

restazione e dall'industria del cemento, di cui sono stati responsabili i singoli Paesi. Nel 2012 la Cina era al primo posto (22,4% delle emissioni mondiali di gas serra), seguita da Stati Uniti (12,2%), Unione Europea a 15 (7%), India (6,1%) e Russia (4,7%). Questi cinque principali inquinatori producevano poco più della metà di tutti i gas serra del mondo.

Se analizziamo le emissioni di $CO_2$ pro capite, tra le economie avanzate rivaleggia con gli Stati Uniti solo l'Australia. Nel 2010 entrambi i Paesi producevano 17 tonnellate di $CO_2$ pro capite. Altre grandi economie emettono molta meno anidride carbonica pro capite di 17 tonnellate: il 30% in meno la Russia, il 45% in meno la Germania, il 55% in meno il Regno Unito e il 70% in meno la Cina.

Secondo alcuni analisti, le emissioni dovrebbero essere misurate in base al consumo anziché alla produzione, perché molti mercati emergenti generano $CO_2$ producendo beni che poi sono esportati e consumati nei Paesi più ricchi. Questo metodo di valutazione aumenterebbe parecchio l'impronta ecologica dei Paesi industrializzati (come Belgio, Stati Uniti, Irlanda, Finlandia e Australia) e abbasserebbe quella dei Paesi emergenti (come Cina, Brasile e India). In pratica, però, bisogna per forza misurare l'emissione di anidride carbonica nella nazione in cui essa è prodotta, perché è là che il governo deve operare una riduzione.

Benché il mondo industrializzato sia responsabile di gran parte dell'attuale riscaldamento globale, dovuto al consumo di combustibili fossili avvenuto in passato, occorre porsi come obiettivo *immediato* quello di fermare le emissioni di gas serra, per impedire al riscaldamento di salire a livelli catastrofici. Tuttavia, invece di essere i primi a incoraggiare una economia «verde», gli Stati Uniti continuano a emettere grandi quantità di $CO_2$. Molti americani non hanno nessuna voglia di ricorrere a una tecnologia che è già disponibile e aspetta solo di crescere sempre di più. Nonostante per esempio vi sia una vasta gamma di veicoli ad alta efficienza energetica e nonostante stiano aumentando i provvedimenti varati dal governo per il risparmio energetico, nel 2014, quando il prezzo del petrolio crollò, gli americani corsero a comprare SUV e pickup, che consumano notoriamente un sacco di benzina. Più della metà dei veicoli venduti nel 2014 erano jeep e SUV: solo il 5,6% erano macchine elettriche e ibride. Nemmeno gli americani che si preoccupano del riscaldamento globale prendono i provvedimenti necessari per ridurre l'impronta del carbonio.

## Le conseguenze dei cambiamenti climatici

I Paesi dell'Asia meridionale e dell'Africa subsahariana si trovano a fronteggiare rischi gravissimi a causa dei fenomeni atmosferici estremi, della ridotta produttività agricola e dell'aumento del livello dei mari causati dai cambiamenti climatici. Sono particolarmente vulnerabili, perché non hanno la capacità di rimediare ai danni provocati dal clima. Le mappe che si possono guardare online sul sito http://www.cgdev.org/page/mapping-impacts-climate-change sono assai eloquenti. Nel corso di una recente ricerca condotta dai miei colleghi a Berkeley e a Stanford, e pubblicata nel 2015 sulla prestigiosa rivista «Nature», è stato analizzato il modo in cui la temperatura influenza la produttività in tutto il mondo. La massima produttività economica si registra alla temperatura media annua di 13 °C; quando la temperatura aumenta, la produttività diminuisce bruscamente. Il modello si osserva in tutto il mondo sia nelle attività agricole sia in quelle industriali, tanto nei Paesi poveri quanto in quelli ricchi. Il risultato è che il riscaldamento globale nuoce alla produzione dei Paesi tropicali, che hanno già temperature calde, e migliora leggermente la produttività dei Paesi più freddi, a mano a mano che diventano più caldi. Se il mondo non ridurrà il riscaldamento del pianeta, la produzione mondiale media diminuirà del 23%, causando una sperequazione dei redditi globale ancora più grave, perché i Paesi ricchi si trovano perlopiù nelle zone climatiche più fredde.

L'effetto serra ci ha portato al punto in cui non siamo più in grado di ripristinare l'ecosistema di prima. Non possiamo tornare alla stabilità climatica dei diecimila anni trascorsi, perché non possiamo ricostituire i ghiacciai e le calotte glaciali sciolti, né far rivivere le specie estinte o annullare il riscaldamento dell'atmosfera e degli oceani. Il mondo è arrivato al punto in cui occorre sia ridurre l'anidride carbonica sia adattarsi ai danni da cambiamento climatico. Nei Paesi industrializzati, la crescita economica deve fondarsi su investimenti miranti a ridurre il riscaldamento globale e a creare infrastrutture che servano ad adattarsi al danno in atto. Lo sviluppo dei Paesi emergenti si deve basare sull'energia pulita. Secondo l'ottica buddhista, i nostri sistemi economici devono orientarsi sempre più verso il processo di decarbonizzazione e adottare pratiche socio-ecologiche sostenibili, che vadano oltre l'idea del consumo per favorire quella di una vita ricca di significato. Bisogna cercare di mettere a punto sistemi resilienti, che proteggano la natura, resistano ai danni, all'occorrenza sappiano ricostruire e, insomma, siano flessibili e adattivi, nonché ispirati a una profonda comprensione dei processi ecologici.

## COP21 e oltre

A mio avviso, l'accordo COP21 del 2015, in base al quale bisogna «mantenere l'aumento della temperatura media globale sotto i 2 °C rispetto ai livelli preindustriali» (articolo 2), riconosce sia l'ottica buddhista, che concorda con gli obiettivi di sviluppo sostenibile dell'ONU, sia quella dell'economia di mercato, propria dei Paesi industrializzati. Le varie nazioni hanno preso l'impegno *non vincolante* di ridurre o contenere le loro emissioni di anidride carbonica e proteggere le foreste per raggiungere l'obiettivo delle «zero emissioni nette» tra il 2050 e il 2100. L'accordo riconosce il danno che i Paesi più vulnerabili sono costretti a subire a causa dei cambiamenti climatici, ma esclude esplicitamente che i Paesi industrializzati si assumano responsabilità o offrano compensazioni ai Paesi in via di sviluppo, e in particolare esclude lo facciano gli Stati Uniti, che, storicamente, sono responsabili della maggior parte delle emissioni di $CO_2$. Le nazioni industrializzate continueranno a fornire fino al 2025, in maniera non vincolante, i loro aiuti (l'attuale obiettivo è di 100 miliardi di dollari) alle nazioni vulnerabili, anche se queste ultime avrebbero bisogno di ancor più sovvenzioni per passare alle rinnovabili e sviluppare la resilienza. Già nel momento in cui i Paesi di tutto il mondo si sono impegnati (sia pure in maniera non vincolante) a ridurre le emissioni di gas serra, sapevamo che il COP21 non avrebbe garantito che la temperatura globale non aumentasse di più di due gradi; si stima infatti che aumenterebbe di 2,7 °C (o più) anche se le varie nazioni riuscissero a tenere fede all'impegno sottoscritto. I leader del COP21 si rendevano conto che l'impegno non era sufficiente, ma l'hanno considerato un primo, cruciale passo verso la riduzione del riscaldamento globale. Per garantire che sia mantenuto l'obiettivo dei 2 °C, COP21 ha varato un meccanismo di controllo, cosicché ogni cinque anni, a cominciare dal 2023, i Paesi incrementeranno con il tempo il loro impegno per la riduzione.

Un meccanismo di calcolo del clima, di facile consultazione online, mostra in che modo ciascuna nazione dovrà ridurre sempre più la sua quota di $CO_2$. Nel grafico è messa in rilievo la differenziazione pretesa dai Paesi emergenti: questi, infatti, vogliono per almeno i prossimi dieci anni svilupparsi economicamente sulla base dei combustibili fossili, mentre i Paesi industrializzati dovranno ridurre da subito le loro emissioni.

Sentiamo protestare e brontolare per l'entità del costo che il passaggio dai combustibili fossili alle energie rinnovabili comporterebbe. A lagnarsi sono soprattutto i Paesi e gli Stati americani che sono grossi produttori di carbone, petrolio e gas, ma prima di aderire alla visione degli alfieri del libero scambio, sappiate che i ricercatori della Stanford University hanno dimostrato come il passaggio alle rinnovabili, cioè le fonti di energia rappresentate dal vento, dall'acqua e dai pannelli solari (WWS: *wind, water, solar power*), è tecnicamente ed economicamente possibile sia sotto il profilo tecnico sia sotto il profilo economico. L'indagine fornisce un piano dettagliato da cui si evince che l'80% dei 139 Paesi potrebbe realizzare la transizione alle energie rinnovabili entro il 2030 e il 100% entro il 2050. Nel rapporto si leggono anche i dati sui costi della trasformazione e le stime dell'effetto che questa avrebbe sull'occupazione, i salari e i problemi connessi alla salute. Se entro il 2050 si passasse alle rinnovabili, a livello globale si risparmierebbero, rispetto all'uso continuativo dei combustibili fossili, 170 dollari all'anno pro capite in costo dell'energia, inoltre si ridurrebbero di 2880 dollari all'anno pro capite i danni da inquinamento atmosferico e si pagherebbero altri 1930 dollari all'anno in meno, pro capite, per il costo del riscaldamento globale. Le difficoltà che i vari Paesi si trovano ad affrontare nel momento in cui devono tradurre in realtà l'accordo firmato a Parigi sono evidenziate dall'esperienza degli Stati Uniti, che si erano impegnati a ridurre del 26% le emissioni di gas serra nel ventennio compreso tra il 2005 e il 2025. Questo impegno si basava sul Clean Power Plan varato dal presidente Barack Obama, un piano che chiedeva ai vari Stati americani di ridurre l'inquinamento da $CO_2$ causato dalle centrali elettriche, specie quelle a carbone. Contro il Clean Power Plan hanno fatto ricorso, in tribunale, gli Stati che hanno miniere di carbone e producono energia elettrica con le relative centrali. Nel febbraio del 2016, la Corte suprema ha bloccato il Clean Power, le cui prescrizioni adesso sono sospese nel limbo. Per fortuna a livello statale e locale, soprattutto nella costa occidentale e nel Nord-Est, si sono presi efficaci provvedimenti per ridurre le emissioni di gas serra, ma gli Stati Uniti devono fare ancora molto prima di riuscire a ottemperare agli accordi di Parigi. Se il resto del mondo li vedesse recedere dall'impegno preso al COP21, i maggiori produttori di gas serra, come la Cina e l'India, avrebbero la scusa per concentrarsi più sulla crescita economica che sulla riduzione delle emissioni di anidride carbonica.

Le nostre economie basate sul carbonio, che hanno sfruttato fino all'osso il capitale naturale per garantirsi uno stile di vita consumistico, hanno finito, in realtà, per avere pochissimo controllo sulla natura. Invece di cercare di esercitare il dominio sull'ecosistema per fermare il riscaldamento globale, dobbiamo renderci conto che di quell'ecosistema siamo parte integrante. Come insegna l'economia buddhista, sopravvivenza significa adattarsi al proprio ambiente e prendersene cura come ci si prenderebbe cura di sé.

Per passare a un mondo post-combustibili fossili bisogna generare calore ed elettricità con fonti rinnovabili, occorre cioè che l'industria usi solo le rinnovabili nella produzione e che i trasporti via terra siano effettuati solo da veicoli a energia pulita. I vari Paesi devono smettere di deforestare, l'agricoltura deve essere praticata in maniera sostenibile e la gente deve mangiare meno carne. È già disponibile una tecnologia che permetterebbe di compiere questi passi.

Occorre rispondere al riscaldamento del pianeta con una serie di interventi a tutti i livelli, da quello personale a quello territoriale, da quello nazionale a quello globale. La vita umana, come noi la conosciamo, dipende da questo.

Capitolo quinto

# PROSPERITÀ PER RICCHI E POVERI

*Siamo decisi a liberare la razza umana*
*dalla tirannia della povertà e del bisogno*
*e a mettere in sicurezza il pianeta.*
*Siamo determinati a prendere le misure audaci*
*e rivoluzionarie che sono urgentemente necessarie*
*per indirizzare il mondo verso una rotta*
*sostenibile e resiliente.*

*Trasformare il nostro mondo:*
*l'agenda ONU 2030*
*per lo sviluppo sostenibile*

Quando avremo compreso bene l'interdipendenza tra tutti gli esseri umani e baseremo la performance economica su una buona qualità della vita per tutti, saremo sulla strada giusta per perseguire l'obiettivo buddhista della *prosperità condivisa*: usare le risorse globali per garantire una vita degna e confortevole agli abitanti di tutto il mondo vivendo nel contempo in armonia con l'ecosistema. Ma siamo ben lungi dal soddisfare anche solo i requisiti minimi necessari al perseguimento di questo obiettivo, perché miliardi di persone non dispongono ancora di vitto, alloggio, acqua potabile e servizi igienici adeguati. Nel frattempo, l'impronta ecologica dei Paesi ricchi, con il loro stile di vita sprecone, devasterà il pianeta. Come facciamo, allora, a incoraggiare una prosperità che sia a un tempo condivisa da tutti e sostenibile?

## Un piano di condivisione globale del capitale naturale del pianeta

Se tutti gli esseri umani sono interconnessi, i loro bisogni e desideri sono interdipendenti. Il modello dell'economia di mercato, secondo il quale ciascun individuo ha desideri ben definiti e indipendenti, si sta dissolvendo. La prosperità sociale non è più la semplice somma dei consumi individuali. Il benessere di una società è molto maggiore della somma dei consumi individuali, perché il benessere dell'uno si aggiunge al benessere dell'altro e il benessere generale dipende da molti più fattori del mero reddito. Il benessere si propaga nel momento in cui si condividono le risorse globalmente.

Nell'economia di mercato, l'attività economica promuove sia la creazione sia la soddisfazione dei desideri. Secondo l'economia buddhista, invece, l'incessante creazione di desideri provoca sofferenza e questa sofferenza verrà ridotta se si assicurerà a tutti una vita confortevole. In un'economia avanzata, la qualità della vita dipende sempre più da attività che non sono di mercato, come arricchire l'esistenza di elementi che vadano al di là dei consumi.

La maggior parte della popolazione dei Paesi ricchi si può permettere di comprare le cose necessarie alla sopravvivenza, e la qualità della sua vita dipende in sostanza da tre fattori: il consumo di una varietà di prodotti che rendono la vita più facile e interessante, le condizioni di salute e la rete delle relazioni sociali. Ma bisogna chiedersi: di quale livello di consumo hanno bisogno i ricchi per prosperare? Abbiamo visto nel precedente capitolo che *non tutti* possono avere il tenore di vita degli abitanti dei Paesi ricchi, perché per conservare un simile tenore occorrerebbero almeno quattro Terre. Perché la prosperità condivisa sia sostenibile, occorre che i cittadini dei Paesi ricchi adottino uno stile di vita più semplice e sostenibile, così da permettere agli abitanti dei Paesi poveri di vivere confortevolmente. Dobbiamo smettere di creare miseria e cominciare a condividere la prosperità, convertendo la disperazione degli altri in benessere.

L'economia buddhista riconosce il male che la popolazione dei Paesi ricchi provoca alla popolazione dei Paesi poveri comprando prodotti a buon mercato fabbricati da lavoratori stranieri, che spesso sono bambini costretti a lavorare lunghe ore in condizioni pericolose e a salari da fame. In questa, come in altre cose, l'ottica buddhista è in netto contrasto con l'ottica liberista, secondo la quale l'ambiente e i Paesi stranieri sono risorse che il mondo industrializzato ha tutti i diritti di dominare e sfruttare. Gli alfieri del libero scambio sono convinti che i mercati competitivi assicurino il miglior risultato possibile, anche se alcune persone continuano a morire di fame, mentre fornire aiuti significherebbe interferire nel mercato globale e favorire la corruzione. Così viene tollerata un'ingiustizia intollerabile.

## Le diseguaglianze globali in tema di salute e redditi

L'entità della diseguaglianza globale è difficile da immaginare, per chi non abbia mai visitato gli slum di Mumbai o i villaggi rurali dell'Etiopia, per chi non abbia mai visto bambini rachitici e affamati vivere in stanze buie e sovraffollate, o in capanne senza acqua corrente e senza un gabinetto dove fare la cacca. La sofferenza quotidiana della gente cui mancano generi e servizi di prima necessità non viene rappresentata dai grafici e dalle tabelle con cui spesso si documentano la povertà e la diseguaglianza. I dati, tuttavia, sono necessari per capire l'entità del problema di condividere con gli altri la prosperità e ridurre la sofferenza nel mondo.

La ricchezza globale si concentra nelle mani di un ristretto gruppo di miliardari e, negli ultimi tempi, questa sproporzione è cresciuta a dismisura. Le ottanta persone più ricche del mondo, in testa alla classifica dei miliardari di «Forbes», possiedono quanto il 50% della popolazione mondiale più povera. Pensate: ottanta nababbi che hanno un patrimonio pari a quello di tre miliardi e mezzo di persone messe insieme. Molti di questi signori si sono arricchiti operando in pochi settori d'attività, come la finanza, l'industria farmaceutica e l'industria dei combustibili fossili, e le loro aziende hanno speso somme ingenti per le manovre lobbistiche volte a far approvare politiche che tutelassero e incrementassero i loro profitti, e abbassassero loro le tasse. Tanta avidità supera la comprensione umana.

È immorale.
Sappiamo di più sulla distribuzione della ricchezza mondiale, che è nelle mani di pochi, di quanto non sappiamo sulla distribuzione del reddito globale, che è ripartito tra oltre sette miliardi di persone. La buona notizia è che, dai dati in nostro possesso, risulta una lieve diminuzione della diseguaglianza globale, perché la «classe media» cresce rapidamente in Cina e, in misura moderata, anche in India. La brutta notizia è che la sperequazione dei redditi nella maggior parte dei Paesi è aumentata, e negli ultimi trent'anni l'1% più ricco ha incrementato la sua quota di reddito. Negli Stati Uniti, l'aumento dei redditi ha riguardato quasi esclusivamente l'1% più abbiente, che si è preso il 95% di quell'incremento nel periodo in cui, dopo la Grande Recessione, dal 2009 al 2012 si è registrata una ripresa, mentre il 90% più povero ha visto il proprio reddito diminuire.
Chiariamo ulteriormente quanta parte del reddito i nababbi del mondo si assicurino: nel 2012, i cento miliardari più ricchi sarebbero rimasti straricchi anche se avessero usato una parte del loro reddito da 240 miliardi di dollari per sollevare il 12,7% della popolazione mondiale da una condizione di estrema indigenza (meno di 1,25 dollari al giorno).
Nella visione buddhista dell'economia, queste spaventose diseguaglianze sono inaccettabili.

## Le diseguaglianze all'interno dei Paesi ricchi sono importanti?

Benché nel mondo industrializzato le diseguaglianze siano irrilevanti rispetto alla enorme sperequazione tra reddito dei Paesi ricchi e reddito dei Paesi poveri, esistono e provocano inutile sofferenza. Le persone vivono secondo le norme sociali della loro comunità e quindi giudicano il proprio benessere economico in base al benessere degli altri, compresi i personaggi che appaiono in televisione o sui social media. Le diseguaglianze fanno sì che la gente si senta meno ricca di quanto si sentirebbe in un mondo più giusto. Una distribuzione più equa dei redditi incrementerebbe il benessere sociale, giacché i confronti dettati dall'invidia sarebbero sostituiti dal sentimento solidale di appartenenza e il consumo di beni di lusso sarebbe sostituito da quello di beni essenziali.

## I Paesi scelgono le proprie diseguaglianze

I Paesi del mondo variano nella quantità di diseguaglianza che tollerano, e le diseguaglianze di ciascuno di essi rispecchiano i valori e la cultura nazionali. L'economista Joseph Stiglitz, esperto dell'argomento, ha dimostrato come le diseguaglianze di una nazione siano non già il risultato intrinseco del capitalismo, bensì una scelta che quella nazione ha fatto attraverso le sue leggi e le sue istituzioni nazionali. Alcune società democra-

tiche, come Svezia, Finlandia e Norvegia, hanno dato la precedenza assoluta all'assistenza all'infanzia e alla prosperità condivisa, raggiungendo l'obiettivo di una diffusa perequazione dei redditi e di un elevato tenore di vita per tutti. Altre, invece, hanno assunto un atteggiamento completamente diverso. Stiglitz fornisce un elenco delle politiche nazionali che hanno incrementato la diseguaglianza in molti Paesi: proliferazione degli accordi mondiali sul commercio, riduzione delle tasse sul reddito e la successione, indebolimento dei sindacati, aumento esponenziale dei finanzieri miliardari causato dalla deregolamentazione del settore finanziario, aumento del potere di mercato delle aziende a mano a mano che queste si consolidano.
Una misura assai diffusa della diseguaglianza, il coefficiente di Gini, che varia da 0 (tutti hanno lo stesso reddito) a 1 (una sola persona ha tutto il reddito), permette di dare una rapida occhiata alla sperequazione dei redditi nelle varie nazioni. Nella figura 2 (pag. 128) vediamo che la Norvegia e la Germania hanno molta più perequazione, gli Stati Uniti e la Cina molta più sperequazione, e l'India sta nel mezzo. C'è chi tende a sminuire i risultati ottenuti da Paesi come Norvegia, Svezia e Danimarca, affermando che si tratta di Stati piccoli con una popolazione assai omogenea. Eppure la Germania e la Francia, che hanno popolazioni più grandi e variegate, hanno pur sempre realizzato molta più eguaglianza degli Stati Uniti o della Gran Bretagna. Stiglitz ha ragione: le politiche di governo forgiano il modo di condividere le risorse nazionali della popolazione. L'obiettivo di una prosperità comune è possibile.

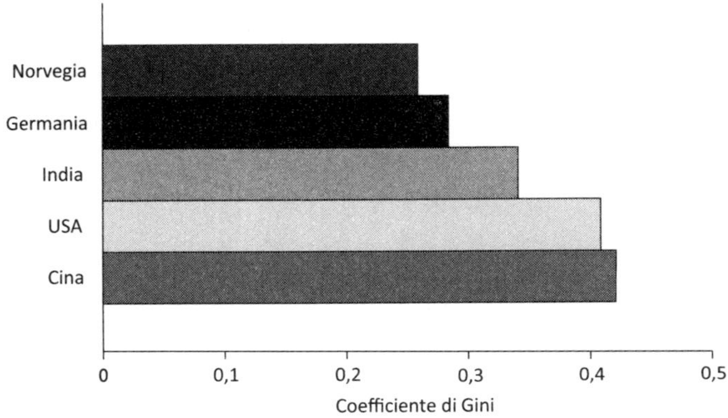


**Figura 2 – La diseguaglianza in cinque Paesi, 2013**. Il coefficiente di Gini, basato sulla distribuzione del reddito disponibile (reddito personale al netto delle tasse e dei contributi previdenziali). Si tenga presente che più basso è il coefficiente di Gini, meglio è (nel senso che c'è maggiore perequazione dei redditi). Fonti: elaborazione di dati tratti dal database sulla distribuzione del reddito dell'OCSE e dal Rapporto sullo sviluppo umano del Programma delle Nazioni Unite per lo sviluppo.

L'economista britannico Anthony Atkinson, anche lui convinto che l'eguaglianza sia una scelta guidata dalle politiche di governo, si domanda: «Che cosa si può fare?». E ci accompagna in un tour storico per illustrarci come le diseguaglianze rispecchino le politiche decise dallo Stato. Mostra per esempio che, negli anni compresi tra il 1960 e il 1964 e tra il 2005 e il 2009, la riduzione delle aliquote d'imposta per la fascia di popolazione con il reddito più alto ha fatto aumentare in vari Paesi la quota di reddito dell'1% più ricco. E che gli Stati Uniti di Ronald Reagan e la Gran Bretagna di Margaret Thatcher hanno guidato questa tendenza. Per ridurre le sperequazioni, propone di adottare quindici politiche, alcune delle quali si sono rivelate valide in passato: per esempio aumento del salario minimo; leggi che rafforzino i sindacati e il potere contrattuale dei lavoratori; imposte sul reddito più progressive (cioè che aumentano con l'aumentare del reddito), con un'imposta massima del 65%; tasse di successione più progressive; assegni familiari per i figli a carico. Atkinson allunga ulteriormente la lista dei provvedimenti, proponendo impieghi statali retribuiti con il salario minimo per chi non riesce a trovare lavoro altrove, e una dotazione di capitale (reddito minimo garantito) per tutti i giovani che diventano maggiorenni.

Anche altri economisti che hanno a cuore l'eguaglianza auspicano imposte più progressive e strategie che aiutino la popolazione a basso reddito. Il premio Nobel Thomas Schelling, per esempio, raccomanda che all'aumentare della diseguaglianza, le imposte sul reddito aumentino automaticamente per le fasce più alte. I miei colleghi alla Berkeley hanno dimostrato che aumentare i salari minimi, in California, non produce una riduzione dell'occupazione, perché quando i lavori sottopagati sono pagati di più, il costoso turnover diminuisce. Indipendentemente da come è distribuito il reddito all'interno di un Paese, si osservano anche grandi differenze nel reddito *medio* delle nazioni. Nel 2014 il PIL (prodotto interno lordo) pro capite era di quasi 55.000 dollari negli Stati Uniti e ancora maggiore in Norvegia, dove sfiorava i 65.000 dollari. In Paesi africani poverissimi, come la Repubblica democratica del Congo e il Niger, il PIL medio pro capite era rispettivamente di 746 e 938 dollari, e la maggior parte della popolazione era costretta a sopravvivere in condizioni di indigenza con meno di 1,90 dollari al giorno, cioè circa 700 dollari all'anno.

## Un impegno globale per ridurre la sofferenza

La campagna dell'ONU per ridurre l'indigenza dimostra che un impegno coordinato paga. La riduzione della povertà globale è stata il più importante risultato degli Obiettivi di Sviluppo del Millennio delle Nazioni Unite, un programma varato dall'ONU nel 2000 e volto a migliorare entro il 2015 la vita delle popolazioni più povere del mondo. Il numero di persone indigenti è diminuito di quasi due miliardi, un incredibile 43% di quella che nel 1990 era la popolazione del mondo in via di sviluppo, scendendo a soli 900 milioni, il 17% della medesima popolazione nel 2012. È stato registrato un progresso anche in altri Obiettivi del Millennio. Il tasso di mortalità infantile si è ridotto del 50%, scendendo a 43 decessi per 1000 nati vivi, anche se sedicimila bambini muoiono ancora ogni giorno per malattie prevenibili come polmonite, diarrea e malaria, aggravate dalla denutrizione. Il numero di individui che non hanno accesso all'acqua potabile è diminuito enormemente in tutto il mondo, passando dai 2,6 miliardi del 1990 ai 663 milioni del 2012, ma l'accesso a impianti igienici adeguati è ancora alquanto limitato: un individuo su tre (2,4 miliardi) è tuttora sprovvisto di un bagno. L'iscrizione dei bambini alle scuole elementari è salita al 91%, e la condizione femminile è migliorata: le donne fanno più di un tempo lavori che esulano dall'agricoltura e accedono sempre di più a cariche elettive nazionali.

Nel 2015 le Nazioni Unite hanno adottato un programma ancora più ambizioso e complesso, *Trasformare il mondo: l'Agenda ONU 2030 per lo sviluppo sostenibile*, che si pone diciassette obiettivi di sviluppo sostenibile e centosessantanove «target» o traguardi. Questo capitolo sulla prosperità condivisa attinge in particolare a tre di essi: ridurre le diseguaglianze (obiettivo 10), crescita (obiettivo 8) e consumi e produzione sostenibili (obiettivo 12).

Non lasciatevi scoraggiare dai diciassette obiettivi: l'*Agenda per lo sviluppo sostenibile* può infatti essere riassunta dalle «cinque P» (persone, pianeta, prosperità, pace, partnership), che riprendono i temi dell'economia buddhista.

*Persone*: garantire a tutti gli uomini e le donne del mondo di realizzare il proprio potenziale in condizioni di dignità ed eguaglianza, e in un ambiente sano.

*Pianeta*: gestire le risorse naturali in maniera sostenibile e prendere urgenti provvedimenti contro i cambiamenti climatici, in maniera che la Terra possa appagare le esigenze delle generazioni presenti e future.

*Prosperità*: assicurare a tutti gli uomini e le donne del mondo i mezzi per vivere una vita prospera e soddisfacente e garantire che i progressi economici, sociali e tecnologici avvengano in armonia con la natura.

*Pace*: favorire la creazione di una società equa, pacifica e inclusiva, che sia libera dalla paura e dalla violenza.

*Partnership*: fare in modo che tutti i Paesi si attivino per raggiungere questi obiettivi, specie quelli connessi alle necessità dei più indigenti e vulnerabili.

Il lato negativo è che gli obiettivi di sviluppo dell'ONU – sia vecchi sia nuovi – sono stati ostacolati dalla recessione globale iniziata nel 2008, dalle guerre in Medio Oriente e in Africa, e dall'instabilità politica. Il lato positivo, però, è che molto è stato realizzato. Oltre a ridurre il numero dei poveri in tutto il mondo, gli sforzi delle Nazioni Unite hanno condotto a una drastica diminuzione dei casi di malaria in tutto il globo. A partire dal 2000, i Paesi industrializzati hanno decuplicato il finanziamento internazionale per la prevenzione e la terapia della malaria, e finora sono stati prevenuti oltre 6,2 milioni di decessi. Il tasso di incidenza globale della malaria è diminuito di oltre un terzo e il tasso di mortalità è sceso di oltre il 50%.

Ciò significa che, quando i Paesi ricchi decidono di prendere provvedimenti e mettere a disposizione risorse, si registrano presto risultati positivi. È immorale che persistano condizioni di indigenza e malattie prevenibili in una parte del mondo, quando la parte di mondo benestante può (e deve) porre fine a queste sofferenze. Abbiamo la facoltà di garantire a tutta la popolazione del globo una vita confortevole e dignitosa in un mondo sostenibile che rispetti i diritti umani.

Benché, secondo l'ottica buddhista, il trasferimento di risorse dai Paesi ricchi ai Paesi poveri rappresenti una parte importante della lotta alla sofferenza, alcuni esperti osservano che spesso questi finanziamenti fanno scattare meccanismi di avidità e non conducono al reale sviluppo di programmi atti a migliorare la vita della gente. In nazioni in cui mancano adeguate strutture di controllo e in cui la corruzione dirotta le risorse verso altri lidi, l'arrivo di denaro dall'estero diventa problematico. Anche molti economisti favorevoli all'eguaglianza sono contrari agli aiuti finanziari, che a loro avviso servono solo a incrementare la corruzione. William Easterly, professore di economia all'Università di New York, sostiene per esempio che fornire aiuti ai Paesi poveri non è efficace, perché l'approccio tecnocratico che non tiene conto delle realtà locali non porta a un miglioramento dei diritti e delle libertà individuali, e anzi finanzia la corruzione anziché i programmi sociali locali. Altri, come Ban Ki-moon, segretario generale dell'ONU nel decennio 2007-2016, e l'economista pro-sviluppo sostenibile Jeffrey Sachs, hanno esortato il mondo industrializzato a dare un aiuto ufficiale devolvendo lo 0,7% del PIL al mondo in via di sviluppo, perché considerano gli aiuti finanziari uno strumento essenziale per alleviare la sofferenza dei Paesi poveri e incoraggiare questi ultimi a sviluppare economie sostenibili.

I Paesi industrializzati hanno dunque finanziato gli Obiettivi del Millennio dell'ONU, ma sebbene gli effetti siano stati positivi, sia il risultato sia la quantità di risorse trasferite sono stati inferiori alle aspettative. Troppa parte dell'aiuto, infatti, è stata usata per obiettivi di politica estera o per gli interessi commerciali dei donatori. Oltre il 50% del finanziamento è stato usato per la cancellazione del debito, specie con le banche, per evitare la bancarotta. Gran parte della somma restante è stata dirottata verso gli aiuti militari o gli interventi di soccorso per le calamità naturali.

Secondo la visione buddhista, conviene sospendere gli aiuti basati sugli interessi del Paese donatore, perché quel tipo di finanziamento serve spesso a riempire le tasche di governanti avidi. I giusti aiuti destinati a progetti che promuovono la salute e il benessere dei poveri, e per i quali in precedenza era stata stanziata una cifra superiore a quella poi realmente impiegata, potrebbero salvare milioni di vite all'anno e porre fine all'indigenza.

## Entra in scena il riscaldamento globale

I fenomeni meteorologici estremi e le calamità naturali provocati dai cambiamenti climatici hanno influito sui prezzi dei generi alimentari e dell'energia e provocato morte e malattie nei Paesi poveri, dove i danni da cambiamento climatico rischiano di annientare i progressi registrati negli ultimi cinquant'anni in campi come lo sviluppo economico e la sanità pubblica. La popolazione dei Paesi in via di sviluppo emette pochissima anidride carbonica, ma subisce più del mondo industrializzato le conseguenze del riscaldamento globale. I poveri sono meno in grado di sopportare la qualità sempre peggiore della vita, ora che la loro stessa sopravvivenza è minacciata dalla diminuzione delle riserve alimentari, dalla dislocazione territoriale e dai problemi di salute connessi a cause come aumento della temperatura, inondazioni, siccità e uragani.

Nel frattempo, le nazioni ricche continuano a prosperare per l'industrializzazione basata sui combustibili fossili, le cui emissioni di anidride carbonica riscalderanno il pianeta ancora per molti decenni. In poche parole: il mondo in via di sviluppo contribuisce a finanziare la crescita economica continuativa del mondo industrializzato. A complicare ulteriormente il problema c'è il fatto che i Paesi emergenti ora protestano che tocca a loro crescere economicamente sfruttando energia a buon mercato, e il massiccio uso di combustibili fossili da parte di Cina, India, Russia, Brasile e Indonesia sta provocando immense emissioni di gas serra (di cui abbiamo parlato al capitolo 4).

Bisogna dunque porsi la spinosa domanda: «Quanto sono tenuti i Paesi industrializzati ad aiutare i Paesi in via di sviluppo?». Secondo l'economia buddhista, è ora che i ricchi condividano la loro prosperità con i poveri, ma le nazioni industrializzate non hanno nessuna voglia di accollarsi buona parte dell'onere. Alla COP21, la Conferenza di Parigi sui cambiamenti climatici, i Paesi ricchi non hanno voluto assumersi la responsabilità dei danni da cambiamento climatico, e hanno convenuto di offrire la risicata cifra di 100 miliardi di dollari l'anno per aiutare i Paesi poveri a passare all'energia pulita. Nel 2015 la Cina, da sola, ha investito nelle rinnovabili una cifra superiore a questa.

Il mondo industrializzato, guidato dagli Stati Uniti, continua a mostrarsi avido nell'utilizzo delle risorse globali e a danneggiare l'ecosistema, invece di usare il suo elevato PIL per reagire alle calamità naturali, investire nelle rinnovabili e creare città più resilienti. Ecco i numeri, che sono scioccanti: gli Stati Uniti, con il 4,4% della popolazione mondiale, producono il 24% del PIL mondiale e sono responsabili del 15% delle emissioni globali di $CO_2$; L'Unione Europea, con il 7% della popolazione mondiale, produce il 22% del PIL e l'11% delle emissioni. Le disparità tra Paesi sono grandi perfino all'interno dell'UE, con sette dei 28 Paesi che producono il 77% delle emissioni totali dell'Unione. Ecco un conciso riassunto delle diseguaglianze nell'emissione di gas serra:

la metà più povera della popolazione terrestre produce solo il 10% delle emissioni globali di $CO_2$, mentre il 10% più ricco ne produce la metà.

I Paesi industrializzati non possono pretendere che i Paesi in via di sviluppo o emergenti, guidati dalla Cina e dall'India, rinuncino a emulare il tenore di vita dell'Occidente a mano a mano che vedono crescere la loro economia: devono invece prendere l'iniziativa di ridurre i danni ambientali provocati dal loro uso sconsiderato dell'energia e delle risorse naturali, e collaborare con il resto del mondo alla creazione di un'economia florida e sostenibile, che garantisca un buon tenore di vita a tutti.

## La crescita economica ci salverà?

Abbiamo già sprecato l'opportunità di utilizzare la crescita economica dell'ultimo trentennio per investire in fonti di energia rinnovabili e ridurre le emissioni di gas serra. Ora i Paesi industrializzati devono disgiungere la crescita economica dal danno ecologico sfruttando le loro vaste risorse per passare all'energia pulita, mettere a punto sistemi di trasporto moderni, utilizzare tecniche agricole che non contemplino l'uso di pesticidi e l'irrigazione eccessiva, costruire palazzi e case ad alta efficienza energetica, fabbricare impianti idrici sostenibili, scoraggiare il sovraconsumo, eliminare gli sprechi e regolamentare le pratiche industriali in maniera da migliorare le condizioni dei lavoratori e porre fine allo sfruttamento delle risorse naturali. Per fortuna da quando, in molti Paesi, governi e aziende hanno compiuto anche solo piccoli sforzi per promuovere l'efficienza energetica e fare maggior ricorso alle energie rinnovabili, la crescita economica si sta pian piano dissociando dalle emissioni di $CO_2$. Tuttavia, le nazioni industrializzate non hanno ancora abbandonato la mentalità da «più si ha, meglio è». L'imperativo della crescita economica le spinge tuttora a pensare più all'incremento dei consumi che alla costruzione di un'economia sostenibile.

Jeffrey Sachs, che di sviluppo sostenibile si intende, spiega in una sua analisi come, negli Stati Uniti, il rafforzamento dell'ideologia neoliberista e il declino del ruolo dello Stato iniziati negli anni Ottanta abbiano condotto a consumi eccessivi e a una ricerca ossessiva della ricchezza. Nel libro *Il prezzo della civiltà*, sostiene che il declino della virtù civica, specie all'interno dell'élite dei ricchi e potenti, ha condotto alla crisi economica americana del 2008 e oltre. La strada verso una rinnovata prosperità a suo avviso è questa: «Resistere agli eccessi del consumismo e alla ricerca ossessiva della ricchezza è difficile... Possiamo sfuggire alle attuali illusioni economiche creando una società consapevole, che incoraggi le virtù personali dell'autocoscienza e della moderazione, e le virtù civiche della compassione per gli altri». L'economia buddhista conviene che questa è la via verso la prosperità e la felicità nazionali.

Finché, nel mondo industrializzato, un ragguardevole numero di persone continuerà a vivere nel lusso e nello spreco, comprando auto a bassissima efficienza energetica, abitando in case con molte più stanze del necessario, e buttando nella spazzatura gli avanzi del cibo e nella discarica gli oggetti inutilizzati, non possiamo sperare di salvare il pianeta. La popolazione dei Paesi in via di sviluppo vuole lo stesso tenore di vita che abbiamo noi in Occidente e così imita questo stile di vita all'insegna del lusso e dello spreco. Ma se vogliamo che la prosperità sia condivisa dall'intera popolazione mondiale, bisognerà che il 60% più ricco dell'Occidente industrializzato cominci a vivere in maniera più frugale e che tutti dedichino maggiore attenzione agli altri e al mondo: questo è il succo dell'economia buddhista.

Mi resi chiaramente conto del dilemma quando, nel febbraio del 2016, atterrai a Colombo, nello Sri Lanka. Le strade erano invase da costose macchine di grossa cilindrata importate dall'estero (BMW, Audi, Mercedes) e i quartieri più ricchi erano pieni di grandi ville con ampi giardini. Come è successo in altre nazioni in via di sviluppo, appena ha visto crescere il proprio reddito la classe dei professionisti e degli imprenditori cingalesi ha adottato uno stile di vita occidentale, provocando inquinamento atmosferico, carenze nel rifornimento idrico e abbondanza di discariche traboccanti di spazzatura; per non parlare del deficit della bilancia commerciale causato dalla massiccia importazione di auto e petrolio stranieri.

Nel frattempo, l'80% più povero del Paese accusa una grave carenza dei beni di prima necessità. Uno sviluppo sostenibile, nello Sri Lanka come in altri Paesi in via di sviluppo, dovrebbe garantire a tutti di accedere a un'alimentazione sana, un alloggio decente con acqua corrente e servizi igienici, una cucina con il fornello (alimentato da energia rinnovabile), treni decenti con locomotiva elettrica (alimentata anche questa in maniera «pulita»), istruzione pubblica, assistenza sanitaria, collegamento a Internet e rispetto per tutte le religioni e per i diritti umani. Il mondo in via di sviluppo può saltare a piè pari la vecchia tecnologia basata sui combustibili fossili e utilizzare la moderna tecnologia «verde» per fornire alla sua popolazione energia, comunicazioni, trasporti e servizi igienici. La salute e le capacità degli abitanti migliorerebbero, così come migliorerebbe la bilancia commerciale, che non sarebbe più dominata dall'importazione di prodotti petroliferi.

In poche parole, perché si possa realizzare uno sviluppo sostenibile nello Sri Lanka e in tutto il mondo, i ricchi di ogni dove, che si trovano perlopiù nei Paesi industrializzati, devono ridurre gli sprechi personali e di conseguenza la loro impronta ecologica.

Le Nazioni Unite riconoscono implicitamente questo concetto con il loro obiettivo di un consumo e una produzione sostenibili, obiettivo che è definito in breve «fare di più con meno»: da un lato ridurre l'uso e lo spreco di risorse, e il relativo inquinamento, sia nella produzione sia nei consumi, dall'altro accrescere il benessere netto e ridurre la povertà in tutto il mondo.

Ognuno di noi dovrebbe stare attento a consumare in maniera sostenibile e calcolare in che modo ridurre la propria impronta del carbonio e la propria impronta ecologica. L'ignoranza e l'inerzia non rappresentano più una buona scusa per aggravare il riscaldamento globale e condurre uno stile di vita non sostenibile. L'economia buddhista ci indica le politiche necessarie a favorire un'economia equa e sostenibile. Dobbiamo chiedere ai governi di adottare queste politiche e a noi stessi di conciliare la nostra vita con questi obiettivi. Nel frattempo, possiamo apprendere una lezione preziosa da due crisi internazionali che hanno provocato inutile sofferenza umana: la difficile situazione economica greca e il dramma dei profughi siriani. L'ottica buddhista in economia avrebbe affrontato entrambe queste crisi molto meglio di quanto non abbia fatto l'ottica liberista.

## Una politica globale che ponga fine all'austerità

Il mondo ha una montagna di risparmi da investire, ma pochissimi di questi finiscono nei Paesi in via di sviluppo, dove gli investimenti produttivi servirebbero a realizzare infrastrutture e città vivibili nel quadro di un'economia sostenibile e fornirebbero un buon ritorno d'investimento. Come osserva Joseph Stiglitz, «i mercati finanziari del mondo, che dovrebbero fungere da efficaci intermediari tra il risparmio e le opportunità d'investimento, distribuiscono male il capitale e creano rischio... [Gli istituti finanziari occidentali] sono molto abili nella manipolazione del mercato e in altre pratiche truffaldine».

Dall'epoca di John Maynard Keynes, le cui teorie spiegavano la relazione tra bilancio dello Stato e prodotto interno lordo, molti economisti, tra cui dei premi Nobel come Stiglitz e Paul Krugman, sostengono che promuovere una politica di austerità nel bel mezzo di una grave recessione serve solo ad abbassare il PIL e accrescere la disoccupazione. L'austerità forzata spinge le economie nazionali in una spirale depressiva; chiedere a Paesi fortemente indebitati di rimborsare il debito al Fondo monetario internazionale (FMI) e alle banche private significa concentrarsi sulla salute del mondo finanziario a scapito della vita dei popoli e della salute delle nazioni. Benché abbiamo visto tale pratica dare più volte questi risultati negativi in regioni come il Sudamerica e l'Asia, i leader finanziari e politici non imparano mai che l'austerità non giova ma, di fatto, nuoce a un'economia depressa.

In tempi recenti, l'incubo dell'austerità si è ripetuto in Grecia, quando la troika (la Commissione europea, la Banca centrale europea e il Fondo monetario internazionale) si è rifiutata di rendere sostenibile il debito greco ristrutturandolo. Tra il 2009 e il 2013, le misure di austerità che ha adottato la Grecia hanno fatto diminuire di oltre il 20% la produzione reale del Paese e balzare al 60% (da un minimo del 20%) la disoccupazione giovanile. Più i salari e i redditi diminuivano, più la povertà aumentava. I greci hanno provato a ribellarsi e famosi economisti li hanno pubblicamente sostenuti, chiedendo che la troika smettesse di imporre l'austerità e pensasse invece a rifinanziare il debito, favorire la crescita economica con spese e investimenti e ridurre l'evasione fiscale e la corruzione. Ma, ribellandosi contro la finanza internazionale, la Grecia non ha rimborsato il prestito del Fondo monetario internazionale, cosicché alla fine le sono state imposte una ristrutturazione del debito e ulteriori politiche di austerità. La crisi dell'economia greca continua.

Seguendo la strada indicata dagli economisti keynesiani, l'economia buddhista sostiene la politica di ristrutturare il debito per riportarlo a livelli sostenibili, usare i finanziamenti dello Stato per produrre di nuovo piena occupazione e combattere l'avidità e la corruzione. L'austerità basata sull'economia di mercato provoca inutile sofferenza a milioni di persone, e i suoi frutti vanno ai ricchi creditori. Si può fare di meglio, e sappiamo come.

## Accogliere i profughi costretti a fuggire dalla guerra

Negli ultimi decenni le guerre civili e le invasioni di forze militari multinazionali hanno devastato vaste regioni, in particolare il Medio Oriente. Costrette a fuggire dalle loro case e dai loro villaggi, tante famiglie sono confluite nei campi profughi, che spesso non sono in grado di offrire il vitto, l'alloggio, l'acqua, gli impianti igienici e la protezione necessari alla sopravvivenza. Trovandosi a fronteggiare la morte in condizioni di squallore, le famiglie spesso abbandonano i campi e cercano un posto sicuro in cui vivere.
L'attuale guerra civile siriana ha provocato la fuga generale della popolazione e la conseguenza è stata una terribile crisi umanitaria di mostruosa entità: quasi cinque milioni di siriani si sono rifugiati in altri Paesi e altri sei milioni e mezzo sono profughi all'interno della stessa Siria. Oltre metà dei profughi sono bambini, spesso costretti a separarsi dalla famiglia.
La maggior parte dei siriani in fuga ha trovato riparo in Turchia, Libano e Giordania, che non hanno risorse adeguate alla cura e assistenza di un simile, immenso afflusso. Le Nazioni Unite hanno esortato altri Paesi a farsi avanti per accogliere profughi e inserirli nella loro società. Sotto la guida della cancelliera Angela Merkel, la Germania ha cercato di preparare con altri Paesi europei un piano di accoglienza, ma la risposta complessiva dei membri dell'UE è stata: «Non venite in Europa».

Quanto agli Stati Uniti, che dal 2011 hanno accolto solo millecinquecento profughi siriani, la loro reazione è stata altrettanto terribile: nel novembre del 2015, trentuno governatori hanno protestato contro l'invio di profughi nei loro Stati. Il risultato è stato il caos tra un confine nazionale e l'altro e anche in mare, dove le famiglie erano in viaggio alla disperata ricerca di un porto sicuro.

George Soros, finanziere miliardario ma anche filantropo, ha messo a punto un piano semplice per l'accoglienza e l'assistenza ai rifugiati siriani. Il piano chiede ai Paesi europei di accogliere un certo numero di profughi, previa assegnazione, da parte dell'UE, di fondi atti a coprire per i primi due anni il costo dell'insediamento nel territorio di ciascun profugo. Ulteriori finanziamenti dell'Unione Europea e degli Stati Uniti andrebbero concessi alla Giordania, alla Turchia e al Libano, perché si prendano cura dei rifugiati che ospitano.

L'economia buddhista appoggia sia le iniziative dell'ONU sia le proposte di persone come Soros di fornire aiuto e assistenza ai profughi che fuggono dalle guerre e dalle devastazioni provocate dal clima. Insieme, le nazioni devono varare un sistema che permetta di gestire le emigrazioni causate dalla violenza, dai fenomeni meteorologici estremi e dalla fame. Bisogna porre fine alla paura e alla sofferenza inutile.

## Conclusione

La prosperità condivisa è prodotta da una politica nazionale ispirata a un equo funzionamento socioeconomico. Quella di creare una società di forti diseguaglianze, sia nei rispettivi confini sia nel mondo, è una scelta fatta da Paesi che spesso non capiscono che i potenti usano il sistema per arricchirsi e consolidare sempre più la loro posizione di privilegio. In un'economia buddhista, garantire prosperità a tutta la popolazione mondiale è un obbligo morale.

Capitolo sesto

# VALUTARE LA QUALITÀ DELLA VITA

*La linea di demarcazione tra un desiderio o un'azione positivi e un desiderio o un'azione negativi non è se diano un immediato senso di soddisfazione, ma se producano infine conseguenze positive o negative... Una caratteristica interessante dell'avidità è che, sebbene il motivo alla sua base sia quello di cercare soddisfazione, paradossalmente, dopo che si è ottenuto quanto si desiderava, si è ancora insoddisfatti.*

Dalai Lama, *L'arte della felicità*

Il criterio con cui misuriamo la performance economica rispecchia i nostri valori e ispira il nostro modo di vivere. I nostri obiettivi economici come individui e come Paesi sono strettamente connessi ai dati che ogni mese ci vengono trasmessi sull'argomento, e che noi seguiamo. In un sistema economico buddhista, invece, si userebbero parametri per valutare il grado di prosperità condivisa (distribuzione delle risorse tra le varie famiglie), la sostenibilità (ecosistemi sani sia per la popolazione odierna sia per le future generazioni) e qualità della vita (benessere, sì, ma anche un'esistenza ricca di significato).

Oggi, i vari Paesi del mondo giudicano la performance economica in base al PIL, che misura il valore di mercato di beni e servizi prodotti in un Paese ed è equiparato, volutamente, al reddito nazionale. Il PIL, però, ignora tutte le attività al di fuori del mercato e fornisce quindi una valutazione asimmetrica e incompleta della performance economica. Non calcola per esempio i nostri tre principali obiettivi.

*La qualità della vita.* Si conta solo il consumo di beni e servizi di mercato e non si tiene conto di tutti gli altri aspetti della vita.

*La sostenibilità.* Si ignorano i danni all'ambiente, come l'inquinamento atmosferico, l'inquinamento idrico e l'inquinamento chimico del suolo.

*La prosperità condivisa.* Usare il PIL medio come indicatore del benessere significa ignorare le diseguaglianze. Quando il reddito della fascia più ricca della popolazione aumenta, il PIL pro capite aumenta a sua volta, anche se il reddito di chi non è ricco resta uguale.

Poiché la crescita economica è stata «sequestrata» dai ricchi, l'aumento del PIL non è più «una marea montante che solleva tutte le navi». Inoltre, la performance economica non può più infischiarsene del degrado ambientale e delle emissioni di gas serra che stanno riscaldando il pianeta. Occorrono parametri che permettano di valutare la capacità della gente di vivere una vita ricca di significato in un mondo equo e sostenibile.

## Oltre il PIL

Finché la società sarà focalizzata su ciò che si compra e consuma, il nostro pensiero, le nostre azioni e le nostre politiche di governo si ispireranno e indirizzeranno

verso una valutazione del PIL di impronta materialistica e individualistica.
Come possiamo misurare la performance economica in maniera che rifletta meglio i nostri valori e ci faccia sapere se il nostro benessere sta davvero aumentando? Abbiamo visto, al capitolo 2, che nel corso del tempo la felicità nazionale non aumenta con il reddito nazionale (il paradosso di Easterlin). Non è forse il caso di trovare una misura più precisa del benessere sociale ed economico dei Paesi industrializzati? Ecco una differenza nel modo di funzionare del reddito medio e del reddito relativo: le misure nazionali della salute, dell'istruzione e dei problemi sociali (cioè gli indicatori della qualità della vita) non migliorano con l'aumentare del reddito nazionale medio, e quindi la crescita del reddito nazionale (PIL) non si traduce in una crescita del benessere nazionale. Gli indicatori della qualità della vita nazionale, invece, migliorano quando si riduce la disparità di reddito tra un Paese e l'altro. E se guardiamo *all'interno* di un Paese, la distribuzione dei redditi ha molta importanza: gli indicatori della qualità della vita migliorano con il migliorare del reddito. Questo conferma la giustezza dell'ottica economica buddhista, cui sta a cuore che le famiglie meno abbienti abbiano un reddito sufficiente a procurarsi beni e servizi essenziali, e godano di un accesso adeguato ad assistenza sanitaria, istruzione e relazioni sociali; in altre parole, è importante che tutta la popolazione nel suo insieme realizzi il suo pieno potenziale.
La performance economica deve anche includere la via verso la sostenibilità. Il mondo non può sopravvivere a una crescita basata sull'economia dei combustibili fossili. Abbiamo già visto i problemi globali causati dai feno-

meni meteorologici estremi e dall'aumento del livello dei mari, e dobbiamo calcolare anche il degrado ambientale a livello locale nelle zone in cui, sia nei Paesi industrializzati sia in quelli in via di sviluppo, la salute della popolazione è messa direttamente a repentaglio da acque contaminate, tossicità del suolo e inquinamento atmosferico. Tutti questi dati, messi insieme, ci dicono che la soluzione è legare la crescita economica a un miglioramento non solo del reddito nazionale, ma anche dell'equità, della sostenibilità e delle attività non di mercato. Quando avremo così corretto i nostri parametri, potremo misurare la performance economica in modo olistico nelle varie nazioni, e il mondo industrializzato non si concentrerà solo sull'aumento del reddito medio. La valutazione olistica mostrerà l'aumento della performance economica quando la diseguaglianza diminuirà e i consumi delle famiglie povere cresceranno, e quando le emissioni di $CO_2$ scenderanno e l'uso delle rinnovabili aumenterà. Quando si comincerà a considerare la qualità della vita parte integrante della performance economica, invece di concentrarsi solo sull'incremento del reddito (in particolare dei consumi), si potranno fissare obiettivi e sviluppare politiche atte a migliorare il benessere individuale e nazionale. Stabilire un nesso tra performance economica e benessere incoraggia la gente a valutare il progresso della propria vita e il progresso della propria economia in maniera più olistica e significativa.

Certo, misurare la performance economica in termini di qualità della vita sembrerebbe impossibile, ma per fortuna non c'è bisogno di ripartire da zero e imparare di nuovo tutto per valutare la performance economica. Gli economisti dispongono già di metodi per calcolare l'inquinamento, i danni ambientali, la sperequazione dei redditi, la felicità, le capacitazioni umane e le attività non retribuite (sia utili sia dannose). Sono già state messe a punto in tutto il mondo molte misure del benessere. Tra queste, il già citato Indice di felicità interna lorda del Bhutan, l'Indice di sviluppo umano (HDI o Human Development Index delle Nazioni Unite), il Better Life Index (letteralmente «indice di una vita migliore») dell'OCSE (Organizzazione per la cooperazione e lo sviluppo economico), il Genuine Progress Indicator (letteralmente «indicatore di progresso autentico») e lo Happy Planet Index (letteralmente «indice di felicità del pianeta»). Più avanti ricorreremo a queste misure perché ci aiutino a mettere a punto un criterio di valutazione della performance economica, ma prima dobbiamo capire meglio quello che ci dice o non ci dice il PIL.

## Qual è il problema del PIL?

Per calcolare il PIL si usano vari parametri economici. Si sa bene come misurarlo (almeno lo sanno gli economisti) e, da molti anni, lo si valuta nello stesso modo nei vari Paesi del mondo. I dati mensili relativi al PIL permettono di confrontare la crescita economica (di mercato) sia tra nazioni sia all'interno delle nazioni. I Paesi hanno dedicato molto tempo e denaro ai metodi per migliorare il calcolo del loro PIL, anche se Simon Kuznets, il premio Nobel per l'economia che mise a punto proprio il calcolo del PIL, ammoniva già nel 1934 che non si poteva usare tale dato per giudicare il benessere sociale di una nazione.

Prendiamo per buono un indice che buono non è.

Poiché il PIL usa solo il reddito per misurare la crescita economica, il reddito è diventato il fulcro dell'attenzione di tutti. Questo incoraggia gli individui a pensare solo ai consumi e i Paesi a prestare poca attenzione alle diseguaglianze e alla sostenibilità. Così questa misura errata della performance economica conduce a politiche nazionali inadeguate, che spesso vanno nella direzione sbagliata.

Che cosa ci dice, dunque, il PIL sul benessere della popolazione? Una cosa è certa: quando, dopo la Grande Recessione del 2008, si è registrato in tutto il mondo un miglioramento del prodotto interno lordo, gli abitanti degli Stati Uniti e dell'Europa non hanno pensato che il tenore di vita stesse migliorando, perché gli stipendi erano sempre gli stessi e l'aumento dell'occupazione era irrilevante.

Quando, nel 2005, l'uragano Katrina distrusse gran parte di New Orleans e della Costa del Golfo intorno alla città, uccidendo 1833 persone, il PIL non si ridusse di un centesimo. Anzi, dopo la calamità, i soccorsi, costati oltre 120 miliardi di dollari, e i rimborsi delle assicurazioni, pari a 41 miliardi di dollari, si aggiunsero in pratica al PIL. Così, in base a tale indice, la calamità naturale contribuì a far crescere l'economia di 161 miliardi di dollari, e chi se ne importa se la qualità della vita peggiorò per gli abitanti di New Orleans o se migliaia di persone soffrirono per mesi e anni mentre tentavano di ricostruire la loro casa e la loro vita.

Ecco un altro esempio di come il PIL possa essere fuorviante. Confrontiamo una persona che guida una Prius facendo 50 mpg (miglia per gallone, ovvero 18 km per litro) con un vicino che ha una Hummer e fa 14 mpg (cioè 5 km per litro). L'economia di mercato ci dice che la Hummer è la scelta migliore per l'economia, perché aggiunge al PIL oltre il triplo di quello che la Prius vi aggiunge per ogni miglio (o chilometro) percorso. Poiché il PIL tiene conto solo della benzina acquistata e non del danno provocato dalle emissioni di $CO_2$, ci conduce a una conclusione illogica.

In un sistema economico buddhista, il costo dell'inquinamento sarebbe incluso nel prezzo della benzina e l'effetto negativo sull'ambiente sarebbe compreso nel calcolo della performance economica, cosicché consumare meno benzina per miglio avrebbe un effetto benefico sulla performance economica. Facendo pagare le emissioni e imponendo un prezzo economico per l'inquinamento, il sistema creerebbe incentivi che indurrebbero la gente a comprare più veicoli a basso consumo, le industrie automobilistiche a produrli e venderli in maggior numero, i comuni a offrire ai cittadini una rete di trasporti pubblici migliore e gli innovatori a usare la loro creatività per inventare sistemi di trasporto alternativi, come il *car sharing*.

Ecco un riassunto dei parametri che userebbe un economista buddhista per calcolare la performance economica:

- Un maggior consumo di beni primari incrementa la performance economica, mentre un maggiore consumo di beni di lusso no.

- La disoccupazione involontaria riduce la performance economica, mentre un maggior tempo dedicato alle attività non retribuite, cioè alle attività non di mercato, la aumenta.

- Il degrado ambientale riduce la performance economica, mentre il consumo di energia pulita la aumenta.

- Il peggioramento della salute della popolazione ha un effetto negativo, mentre il miglioramento dell'istruzione ha un effetto positivo.

- Un aumento delle opportunità offerte a ciascun individuo giova all'economia, mentre crimini, violenze e calamità naturali la danneggiano.

- Un uso saggio del tempo da dedicare a lavoro, famiglia e comunità incrementa la performance economica, mentre il superlavoro o le attività nocive la riducono.

- Nel complesso, la crescita è data dall'utilizzo oculato delle risorse, che consiste nel rigenerare e gestire saggiamente il capitale naturale, mentre gli sprechi e i consumi che danneggiano l'ambiente riducono la performance.

Si tratta di criteri di buon senso per valutare l'economia e la qualità della nostra vita, e sono questi i dati di cui ogni mese la Federal Reserve Bank e il Congresso dovrebbero tenere conto per attuare le loro politiche. Poiché misurano, e quindi valutano, la qualità della vita in un senso assai più ampio di quanto non faccia il PIL, tali parametri aprirebbero la strada alla realizzazione di una prosperità collettiva, per giunta sostenibile.

## Tre modi olistici di valutare la performance economica

Ora che sappiamo quali dati occorre includere in una valutazione olistica, possiamo affrontare il difficile compito di definire davvero questo criterio.
La valutazione olistica della performance economica è realizzata di solito in tre modi: con un indicatore unico monetario (in termini di dollari o altra divisa) basato sui dati del governo; con un indice non monetario, di solito basato sui risultati di indagini statistiche e spesso presentato come percentuale; con un «cruscotto» di molti indicatori (spesso relativi ad altri Paesi), basato su svariate fonti di dati. Ciascun indice ha i suoi punti deboli e i suoi punti di forza, e ciascuno serve a capire i differenti aspetti della performance economica.

1. L'*indicatore unico monetario* amplia il concetto di PIL aggiungendo il valore dei benefici non di mercato (per esempio l'allevamento dei figli, il tempo libero), sottraendo il valore dei costi non di mercato (per esempio il degrado ambientale, lo sfruttamento eccessivo del capitale naturale) e aggiustando per tenere conto delle diseguaglianze all'interno della popolazione. Poiché a tutte le componenti è attribuito un valore monetario, esse si possono sommare per fornire il valore singolo che rappresenta la qualità della vita, valore che indica la performance economica di un Paese nel tempo. Questa misura ci permette anche di verificare quale sia la tendenza di singole componenti come il degrado ambientale o la distribuzione dei consumi. Perché fosse possibile confrontare la performance

economica dei vari Paesi, bisognerebbe che tutti utilizzassero la stessa tecnica per misurare la qualità della vita, come fanno adesso con il PIL. Il Genuine Progress Indicator è l'indicatore unico più comunemente usato, ma nessun Paese ha preso l'iniziativa di coordinarne l'adozione. (Parlerò ancora del GPI, più avanti.)

2. L'*indice non monetario* è un indice generale che aggrega variabili cui *non è attribuito* un valore in dollari (o in qualsiasi altra divisa). Tali variabili sono riportate sulla stessa scala (spesso da 0 a 10) e poi aggregate secondo il metodo specifico di elaborazione di un indice generale. Gli indici non monetari usano una varietà di metodi per aggregare la loro ampia serie di variabili. Un noto esempio di indice non monetario è il GNH o FIL, l'Indice di felicità interna lorda del Bhutan, una complessa somma di nove domini uguali: benessere psicologico, utilizzo del tempo, ricchezza delle relazioni sociali, diversità culturale, resilienza ecologica, tenore di vita, salute, istruzione e buon governo. L'indice di felicità di una persona varia dallo 0 al 100%. I domini sono calcolati in base a un totale di 33 indicatori, che a loro volta sono aggregati di 124 variabili ponderate, le più soggettive delle quali hanno peso inferiore. Viene poi assegnato un livello di sufficienza a ciascun dominio. Il GNH rappresenta una misura dell'efficacia delle politiche bhutanesi, se è vero che molti abitanti raggiungono la sufficienza in ciascun dominio.

Usando il GNH, nel 2010 il Bhutan ha effettuato un'indagine sulla popolazione per calcolare l'«indice di felicità» di ciascuno, poi, nel 2015, ha analizzato un campione rappresentativo dell'intero Paese. Lo scopo era di capire

come variasse l'indice di persone con un differente livello di istruzione, un differente lavoro e una differente area di residenza, al fine di migliorare le condizioni dei «non ancora felici» (9% della popolazione) e di quelli «a malapena felici» (48%). Il Bhutan ha appreso che i residenti in città sono più felici dei residenti in isolate aree rurali, e che i monaci e le persone dotate di un elevato grado di istruzione si dichiaravano «estremamente felici».
Un altro modo di aggregare variabili in un indice non monetario è di confrontare, per ciascuna componente, i valori di ogni Paese con i valori degli altri Paesi e poi aggregarli in un singolo indice (valutato tra 0 e 1) che mostra la posizione in classifica delle nazioni. Un esempio è dato dal diffusissimo Human Development Index (HDI) o Indice di sviluppo umano (ISU), che dal 1990 viene calcolato per 187 nazioni. Le sue tre dimensioni sono la salute (aspettativa di vita), l'istruzione (anni medi e attesi di istruzione scolastica) e il tenore di vita (reddito pro capite). Nel corso degli anni si comparano l'indice di ciascun Paese e la posizione relativa in classifica, ma non quella assoluta. Tuttavia l'ISU non tiene conto delle diseguaglianze e del degrado ambientale.

3. Il *cruscotto* rappresenta vari indicatori del benessere che non sono aggregati in un valore complessivo. In genere ciascun indicatore si basa su molte variabili, tra cui i dati soggettivi di indagini statistiche e i dati obiettivi del governo, che sono considerati essenziali per fornire obiettivi specifici per il benessere. Poiché gli indicatori sono presentati separatamente, vediamo solo la tendenza di ciascuno di essi nel corso del tempo. Non essendo aggregato in un'unica misura complessiva

del benessere, il cruscotto non mostra come la qualità della vita a livello nazionale cambi nel tempo.

Spesso si calcola il cruscotto degli indicatori per un gruppo di Paesi rispetto ad altri, poi ciascun indicatore mostra la posizione in classifica dei vari Paesi. Il lato negativo di tale metodo comparativo è che per esempio non si riesce a sapere se tutti i Paesi nel loro complesso sono migliorati relativamente a un singolo indicatore, come la qualità dell'ambiente. Il Better Life Index (BLI) dell'OCSE usa appunto questo metodo, e lo analizzeremo più dettagliatamente in seguito.

## Trovare il criterio giusto

Nazioni ed esperti non sono d'accordo né sul metodo per valutare la qualità della vita, né su quali siano gli obiettivi sociali ed economici a cui dare la precedenza e sul grado in cui misure specifiche raggiungano tali obiettivi. Non è stato adottato nessun criterio definitivo di valutazione. Anche quelli che hanno convenuto di usare un metodo specifico continuano a discutere sulle variabili da includere e sul modo di calcolarle. I sostenitori del primato dell'assistenza sanitaria, della lotta alla povertà o della tutela dell'ambiente spesso dissentono, perché ritengono che l'indicatore cui tengono potrebbe andare perso in un cruscotto della qualità della vita, e che non sarebbe certo il primo e più importante in un indice unico. Vi è disaccordo anche sulla qualità dei dati utilizzati per misurare molte delle variabili. Qualcuno sostiene che si debbano usare i dati oggettivi raccolti misurando risultati concreti, come la qualità dell'acqua, la sanità o la criminalità, mentre altri vorrebbero includere la percezione che la gente ha (dati soggettivi) della qualità dell'acqua, della sanità o della sicurezza (per non parlare della felicità).

Bisognerà comporre tutte queste divergenze per generare un consenso sul metodo per superare il PIL e valutare la qualità della vita. È chiaro che non esiste nessuna misura «perfetta» e che bisognerà decidere i criteri da usare a livello internazionale per valutare e comparare la qualità della vita dei vari Paesi negli anni a venire. Certo, anche parametri imperfetti saranno sempre meglio del PIL. Inoltre, quando verrà usato in tutto il mondo lo stesso criterio di valutazione, l'esperienza aiuterà gli esperti a migliorarlo. Dopotutto, il PIL fu ideato negli anni Trenta del Novecento e perfezionato nel corso di decenni.

## Valutare il progresso nei Paesi poveri e nei Paesi ricchi

Alcuni criteri di valutazione sono più adatti ai Paesi poveri e altri ai Paesi ricchi a causa delle grandi differenze nel tenore di vita e nelle esigenze primarie. Le nazioni in via di sviluppo devono soddisfare bisogni fondamentali, come acqua, cibo, alloggio, istruzione e assistenza sanitaria, mentre le nazioni industrializzate devono venire incontro ai bisogni primari di chi è in fondo alla scala sociale, assicurando posti di lavoro con un salario minimo dignitoso e migliorando la qualità della vita dell'intera popolazione sotto profili non materiali, come garantire a tutti un'esistenza equilibrata, in cui vi sia tempo per la famiglia e gli amici, si sia meno stressati, si mangi meglio e si faccia più esercizio fisico. Tutti i Paesi, indipendentemente dal reddito, possono migliorare la qualità della vita dando più benessere ai meno abbienti e restituendo la salute a ecosistemi degradati.

Il diffusissimo Human Development Index (HDI, Indice di sviluppo umano) è stato creato dalle Nazioni Unite per valutare il benessere dei Paesi poveri e si basa sul miglioramento dell'aspettativa di vita, dell'alfabetizzazione e del reddito. L'HDI di una nazione in via di sviluppo indica la performance rispetto alle altre nazioni in queste tre aree. È però meno utile per valutare il mondo industrializzato, perché questo risulta sempre primo, con un'attesa di vita, un livello di istruzione e un reddito maggiori. Tale concetto è vividamente illustrato dalla figura 3, che confronta l'HDI con il reddito nazionale pro capite. I due aumentano insieme, come ci saremmo del resto aspettati, perché il reddito fa parte dell'HDI. Il particolare notevole, qui, è che i Paesi ricchi mostrano più variazione nel reddito che nell'HDI, mentre i Paesi poveri mostrano più variazione nell'HDI che nel reddito.

Gli alti punteggi HDI delle nazioni industrializzate sono indicati dai punti che salgono nel grafico a dispersione della figura 3, che mostra i livelli raggiunti dai loro redditi. Quasi tutti i 49 Paesi che l'ONU ha messo nella categoria dello «sviluppo umano molto alto» (un HDI tra 0,80 e 0,94) hanno un reddito medio pro capite di oltre 20.000 dollari. I Paesi poveri sono distribuiti lungo la base del grafico, che mostra la variazione dei punteggi HDI nella nuvola dei loro redditi bassi. Sono l'aspettativa di vita e l'istruzione a far salire il loro HDI, perché i redditi sono troppo bassi. La maggior parte dei 43 Stati definiti dall'ONU «a basso sviluppo umano» (un HDI tra 0,33 e 0,55) ha un reddito medio pro capite inferiore a 5000 dollari.

Per misurare e confrontare la qualità della vita nelle nazioni industrializzate, possiamo usare un indicatore unico come il già citato Genuine Progress Indicator (GPI, indicatore di progresso autentico), che comprende, oltre ai consumi di mercato, la sperequazione dei redditi, le attività non di mercato e l'ambiente. Ma il GPI, benché sia un buon indice delle differenze di performance economica olistica nel mondo industrializzato, non lo è per i Paesi in via di sviluppo, perché in questi ultimi i consumi pro capite sono così bassi da dare GPI infimi e quasi nello stesso campo di variazione.

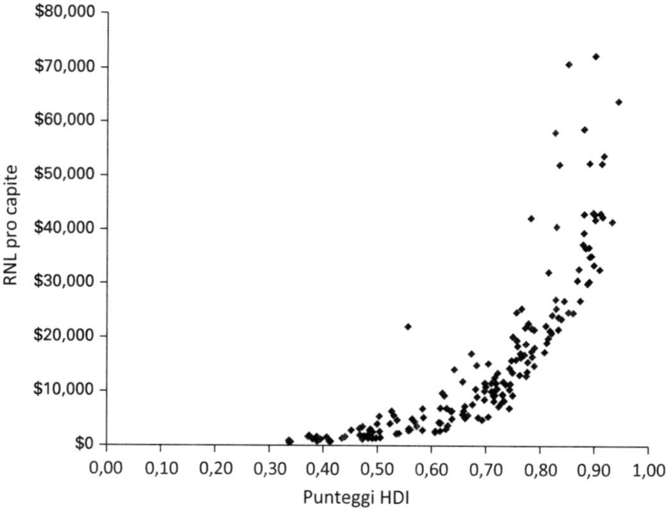


**Figura 3 – Correlazione tra RNL e HDI (2013)**. Il reddito nazionale lordo (RNL) pro capite a parità di potere d'acquisto (PPA) espresso in dollari (2011). Non appaiono nel grafico tre piccoli Paesi ricchi grazie al petrolio con un RNL superiore a 80.000 dollari (Qatar, Kuwait e Liechtenstein). Tenete presente che l'RNL è una componente dell'HDI. Fonte: elaborazione di dati dello Human Development Report dell'ONU. http://hdr.undp.org/en/data.

Un'indagine sui GPI di diciassette Paesi mostra che il GPI pro capite dei Paesi industrializzati è variato molto tra il 1990 e il 2005 (ha per esempio oscillato tra i 7500 e i 17.000 dollari in Stati Uniti, Gran Bretagna e Giappone), ma non è praticamente cambiato di una virgola per gli abitanti delle nazioni più povere (in quei quindici anni si è per esempio aggirato sui 2000 dollari in Cina, India e Vietnam).
Come potete constatare, non è facile utilizzare lo stesso metodo per misurare in maniera efficace la qualità della vita nel mondo industrializzato e in quello in via di sviluppo.

## Valutare la felicità

Una nota misura usata in tutti i Paesi è quella della soddisfazione personale (*life satisfaction*), spesso chiamata felicità. Molti psicologi ed economisti mettono la felicità in cima alla lista quando discutono del modo di valutare il benessere in tutti i Paesi e per tutte le popolazioni. Che cosa succede quando chiediamo alla gente se è felice o soddisfatta della sua vita?
Ricorderete che abbiamo distinto tra due tipi di felicità: la *felicità edonistica*, che è data dal piacere senza dolore unito alla soddisfazione personale, e la *felicità eudemonistica*, che è data dal fatto di vivere una vita degna. Le indagini statistiche sulla valutazione che la gente dà del proprio benessere fanno sempre riferimento alla felicità edonistica. Alle persone viene chiesto se provano soddisfazione personale in base ai parametri da loro stesse stabiliti e anche in base alle sensazioni di piacere o dolore esperite nel breve periodo.

Un criterio molto usato di valutazione della felicità edonistica o del benessere è la scala Cantril, cui ricorre ogni anno un sondaggio Gallup effettuato in oltre 150 Paesi. Gli intervistati dicono a che punto di soddisfazione personale si sentono, al momento del sondaggio, su una scala da 0 (il punto più basso) a 10 (il punto più alto). Questo criterio di valutazione della felicità dovrebbe diventare il parametro ideale per misurare il benessere umano?

Non c'è una risposta facile a questa domanda, dato che la scala Cantril non è più affidabile di tutti gli altri criteri analizzati qui. Chiedere agli abitanti di Paesi poverissimi, dove vitto, alloggio, acqua corrente, assistenza sanitaria e istruzione scarseggiano, se si sentano felici non ci fornirà molte informazioni riguardo al loro benessere. I poveri cercano di trarre il meglio dalle loro esigue opportunità, che spesso sono limitate dalla razza, dal genere, dall'orientamento sessuale e dalla storia di famiglia, così come dalla nazione stessa di appartenenza. Ci direbbe molto di più misurare in maniera oggettiva i loro consumi e la loro capacitazione. Come hanno osservato due ricercatori, la misura del benessere si risolve in «capacitazione per lo sventurato, felicità per il fortunato».

La scala della felicità di Cantril lascia molto a desiderare anche per l'economia buddhista, perché non ci dice come vivono realmente le persone e se si prendono cura le une delle altre. Dobbiamo sapere non solo come si sentono gli individui, ma anche come si comportano, se vogliamo capire meglio se vivono una vita gioiosa e ricca di significato. Dopotutto, il buddhismo ci insegna a concentrarci sugli aspetti positivi della vita e a non lagnarci, ma a provare gratitudine.

In un Paese non povero, dove le risorse per soddisfare i bisogni primari sono disponibili praticamente per tutti, chiedere alla gente quanta soddisfazione personale provi ci dà una misura soggettiva della felicità, ma questa misura è influenzata dalla cultura del luogo. In Giappone, per esempio, si ritiene sia maleducato dire che si sta meglio degli altri («l'unghia che si drizza verrà schiacciata»), mentre negli Stati Uniti spesso si dichiara di stare meglio degli altri e di avere molto più del necessario.
Poi c'è il problema di come, sulla scala Cantril della soddisfazione personale, si interpretino i punteggi, di che cosa significhino per esempio un 10, un 6 o uno 0 o di come si confronti un punteggio di 6 con uno di 7 quando la gente usa il proprio metro di valutazione della felicità, che è indissolubilmente legato alle norme sociali.
Tuttavia, la scala Cantril in effetti mostra un'ampia gamma di punteggi relativi a un insieme di Paesi poveri e ricchi in un dato periodo di tempo. I punteggi di felicità (punteggi medi della scala Cantril) di 157 Paesi nel periodo tra il 2013 e il 2015 oscillavano tra il 2,9 del Burundi e il 7,5 della Danimarca. Sempre sul fronte dei lati positivi, la scala Cantril riesce a calcolare bene altre variabili considerate importanti, come il reddito pro capite, avere qualcuno su cui contare nei momenti difficili, un'aspettativa di vita sana alla nascita e la libertà di fare scelte di vita cruciali.
Poiché tiene alla prosperità condivisa, l'economia buddhista vuole sapere com'è distribuita la felicità all'interno di un Paese e nei vari Paesi. In un indice della felicità come la scala Cantril, tutti riporterebbero lo stesso punteggio, perché l'aumento della felicità di una persona non deriverebbe da una diminuzione della felicità di

un'altra. Il coefficiente di Gini, la misura della diseguaglianza che abbiamo citato in precedenza, non ci dice molto, perché la completa eguaglianza (Gini = 0) significa che tutti riportano lo stesso punteggio. L'eguaglianza potrebbe significare che tutti sono perfettamente felici (1), che tutti sono profondamente infelici (0) o che tutti sono moderatamente felici (5): in tutti e tre i casi si avrebbe eguaglianza. Dal 2010 al 2012, il coefficiente di Gini della felicità era tra 0,15 e 0,23, superiore al coefficiente di Gini del reddito disponibile (si veda la figura 2 al capitolo 5, pag. 128).
Osserviamo che nei Paesi industrializzati i punteggi di felicità che le persone riferiscono (e che riflettono il loro giudizio soggettivo) sono molto più simili – e rivelano quindi meno diseguaglianze – di quanto lo siano misure oggettive come il reddito o la salute. Questo accade perché gli esseri umani sono molto resilienti e imparano a trarre il meglio dalla loro vita.
Confrontiamo per esempio i punteggi di felicità medi e il reddito medio pro capite dei Paesi dell'OCSE. La maggior parte dei 34 Paesi industrializzati dell'OCSE hanno in media una soddisfazione personale compresa fra 6,5 e 7,5. Il loro reddito medio pro capite è molto più variabile, con nove Paesi nella gamma media (PIL compreso tra 30.000 e 40.000 dollari), quattordici nella gamma alta (PIL tra 40.000 e 85.000 dollari) e undici nella gamma bassa (PIL tra 16.000 e 30.000 dollari) nel 2014. Le nazioni sono assai più omogenee nella felicità media che nel reddito medio.
Coloro che auspicano l'utilizzo della scala Cantril come misura universale del benessere o della felicità hanno analizzato la differenza di felicità all'interno dei Paesi

basandosi sulla variazione statistica dei punteggi della scala (cioè sulla cosiddetta deviazione standard), e hanno scoperto che le differenze di felicità tra una nazione e l'altra variano secondo la circostanza di vita, e che le differenze di felicità all'interno di una nazione hanno un'influenza negativa sulla felicità media.

L'economia buddhista si propone anche di rendere tutti felici e di ridurre la sofferenza. Possiamo misurare la distribuzione della felicità confrontando i punteggi dei meno felici (il 10% in fondo alla classifica) con quelli dei più felici (il 10% in cima alla classifica). Più alto è il rapporto, più uguale è la felicità di tutti. La figura 4 mostra le differenze di felicità in venti Paesi. In genere, i Paesi corrispondenti al 10% più basso hanno indici di felicità che sono la metà di quelli dei Paesi corrispondenti al 10% più alto. La Danimarca e l'Olanda spiccano, perché hanno la felicità distribuita in maniera molto omogenea: gli indici dei danesi e degli olandesi meno felici mostrano come la loro felicità sia il 60% di quella dei più felici. La Cina ha la felicità più disuguale: gli indici dei meno felici sono solo il 25% di quelli dei più felici. La lezione da trarre è che i Paesi potranno anche sembrare simili nella felicità media, ma variano nella distribuzione della felicità tra la popolazione. Tuttavia, in qualunque modo sia suddivisa, la felicità sembra essere distribuita molto più equamente del reddito.

Gli economisti analizzano anche il modo in cui gli indici di felicità di un Paese cambiano nel tempo per vedere se la gente diventi o no più felice. Gli indici di felicità di una nazione cambiano lentamente. Nei periodi di crisi, come una guerra o una calamità naturale, diminuiscono per un periodo, dopo il quale, però, tendono a tornare come prima.

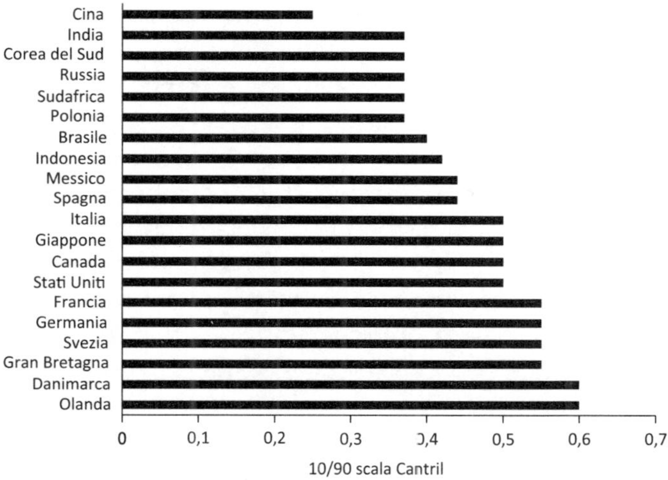


**Figura 4 – Disparità di felicità, 2010**. La scala Cantril 10/90 mostra il punteggio dei meno soddisfatti (il 10% più basso.) diviso per il punteggio dei più soddisfatti (il 10% più alto, al di sopra del 90%) Fonte: elaborazione di dati tratti da http://www.economist.com/blogs/dailychart/2011/10/inequality-and-happiness.

Potremmo chiederci se sarebbe d'aiuto usare la felicità eudemonistica come parametro del benessere, ma questo approccio si troverebbe ad affrontare gli stessi problemi di qualsiasi altra misura della felicità. Anche gli alfieri della felicità eudemonistica si chiedono come misurarla. In alcune indagini si domanda ai soggetti se ritengono che la loro vita abbia uno scopo o un significato e se le attività quotidiane diano loro soddisfazione. Quasi tutti gli esperti convengono sul fatto che la felicità eudemonistica includa relazioni sociali significative e, nelle indagini, spesso si chiede agli intervistati se le relazioni sociali diano loro sostegno e gratificazione. Poiché l'economia buddhista sottolinea quanto sia importante aiutare gli altri e alleviare la sofferenza, uno dei modi per ampliare l'indagine sulla «vita degna di essere vissuta» è chiedere se il soggetto contribuisca attivamente alla felicità e al benessere altrui. Ancora una volta, però, i valori sociali influenzano le risposte e l'idea che la propria vita sia «degna di essere vissuta» potrebbe sembrare presuntuosa a chi si sforza di allacciare rapporti con gli altri senza vantarsene e di tenere a bada il proprio io.

Chiedersi come valutare e interpretare la felicità ci conduce a un altro interrogativo: la nostra misura della performance economica può essere usata per studiare le strategie politiche? Sarebbe il caso di utilizzare un criterio di misurazione del benessere che ci consenta di calcolare le notevoli modifiche da apportare al sistema economico per prevenire la distruzione degli ecosistemi della Terra e per estendere la prosperità dalle nazioni ricche a quelle povere. Le attuali indagini statistiche sulla felicità, come la scala Cantril, non ci aiutano a prevedere che cosa penserà la gente della propria vita se verranno attuate politiche intese a ristrutturare e trasformare le loro attività quotidiane. La felicità potrebbe aumentare moltissimo per chi ama la natura e detesta fare shopping, mentre potrebbe diminuire moltissimo per chi ama i SUV e prende continuamente l'aereo. Sappiamo solo che la felicità forse diminuirà se si vareranno le nuove politiche, ma non molto tempo dopo la loro attuazione è prevedibile che si ritorni ai valori precedenti.

## Includere il fattore sostenibilità

La scala Cantril ignora il problema della sostenibilità. Per colmare questa lacuna, ricorriamo allo Happy Planet Index (HPI), che misura gli Happy Life Years di un Paese (l'indice della scala Cantril moltiplicato per l'aspettativa di vita, entrambi aggiustati per tenere conto delle diseguaglianze), diviso per l'impronta ecologica (la quantità di terra necessaria pro capite per rigenerare le risorse consumate dal Paese nel tempo). L'HPI rappresenta un indicatore unico della felicità, della salute, della sostenibilità e della diseguaglianza di un Paese, reddito escluso. L'HPI 2016 mostra come sono classificati 140 Paesi: gli indici vanno da un massimo di 44,7 della Costa Rica al minimo di 12,8 del Chad, ma sono tutti bassi e ci dicono che il pianeta non è felice, che l'attività economica, come noi la conosciamo, non è sostenibile.

Lo Happy Planet Index mostra come i Paesi ricchi sfruttino troppo le risorse globali per mantenere il loro lussuoso tenore di vita. Le nazioni industrializzate garantiscono una vita lunga e felice alla maggior parte della popolazione, ma lo fanno a un costo enorme per l'ambiente. Le loro impronte ecologiche vanno dal triplo al quintuplo dell'impronta di 1,73 che è compatibile con la sostenibilità. I diciotto Paesi ad alto reddito (40.000 dollari pro capite) hanno un un'elevata aspettativa di vita e un alto indice di felicità, ma solo la Gran Bretagna, pur essendo ancora lontana dalla sostenibilità, ha un'impronta ecologica inferiore a 5,0. L'HPI degli Stati Uniti è un basso 20,7 (108 su 140), perché la loro impronta ecologica è un elevato 8,2 (posizione 4). Ciascun abitante degli Stati Uniti «si mangia» oltre otto ettari globali, quasi il *quintuplo* del livello sostenibile.

I Paesi più poveri hanno impronte ecologiche molto più basse, ma anche i loro indici di longevità e felicità sono più bassi. Solo quarantasei nazioni hanno un'impronta sostenibile (sotto 1,7). Metà di essi hanno un reddito

bassissimo (1000 dollari pro capite l'anno) e solo cinque hanno redditi sopra i 3000 dollari pro capite l'anno. Questi sistemi economici sostenibili variano molto in aspettativa di vita e in indice di felicità: i loro anni di vita felice vanno dai 9,0 del Togo ai 32,8 del Vietnam.
Da un confronto tra gli HPI di India e Cina emerge la difficoltà di migliorare il tenore di vita in un sistema economico sostenibile. L'HPI dell'India, 29,2 (posizione 50 in classifica), rispecchia la bassa aspettativa di vita (51,1, posizione 100) e il basso indice di felicità (4,2, posizione 100), due indici che sono entrambi abbassati dall'aggiustamento dovuto all'elevata diseguaglianza e riportati su dalla bassa impronta ecologica (1,2), che indica sostenibilità. L'HPI della Cina (25,7, posizione 72 in classifica) è ancora più basso di quello dell'India, perché la maggiore aspettativa di vita (68,6, posizione 48) e il più elevato indice di felicità (4,6, posizione 74) sono abbassati dalla diseguaglianza intermedia e ulteriormente ridotti dall'insostenibile impronta di 3,4. L'India e la Cina hanno un gran numero di indigenti, rispettivamente 400 milioni e 150 milioni, tutte persone che hanno un disperato bisogno di vitto, alloggio, acqua potabile e servizi igienici, nonché ovviamente di un'istruzione e un lavoro decente. Se non aiuteremo l'India e la Cina a svilupparsi senza usare i combustibili fossili, sappiamo che il loro HPI si abbasserà in proporzione all'aumentare dell'impronta ecologica.
Lo Happy Planet Index tiene conto di fattori come la sostenibilità, la felicità, la salute e la diseguaglianza, ma non delle attività quotidiane che danno un senso alla vita, e quindi torniamo a chiederci in che modo valutare il benessere nell'ambito di un'economia buddhista.
Diamo dunque un'occhiata a due criteri di valutazione

più ampi, i già citati Genuine Progress Indicator (indicatore di progresso autentico) e Better Life Index (indice di una vita migliore). Entrambi misurano la qualità della vita.

### Il Genuine Progress Indicator e il Better Life Index

Un criterio che valuti la qualità della vita nei Paesi industrializzati deve includere tutti gli aspetti dell'esistenza cui diamo valore: salute, famiglia, comunità, istruzione, competenza, lavoro, evoluzione personale, disponibilità verso gli altri, partecipazione politica, sicurezza ed ecosistema. Per farlo, il Genuine Progress Indicator (GPI) usa un indicatore unico, mentre il Better Life Index (BLI) usa un cruscotto di indicatori. Il GPI assegna prezzi alle cose cui diamo valore, come consumi, lavoro casalingo, partecipazione democratica e tutela dell'ambiente. Il BLI utilizza sondaggi in cui si chiede agli intervistati cosa pensano della loro vita, della loro salute e del governo. Per cercare di decidere quale metodo sia meglio usare, analizziamo in dettaglio come si calcolano il GPI e il BLI e come essi descrivano la qualità della vita odierna.
Il Genuine Progress Indicator combina ventisei indicatori per valutare con un solo indice il benessere economico, sociale e ambientale. È stato stimato il GPI di vari Paesi e nel periodo 1950-2003 sono state effettuate stime costanti del «progresso autentico» in diciassette Stati.
Il GPI comincia con il dato sui consumi della gente, che aggiusta per tenere conto delle diseguaglianze, poi aggiunge il valore delle attività non di mercato e dei beni e servizi pubblici, e sottrae il valore del degrado ambientale. È calcolato in base a oltre due dozzine di variabili nel seguente modo:

Consumo personale aggiustato per le diseguaglianze (usando il coefficiente di Gini),

più il valore del lavoro non di mercato (come la cura dei figli e il lavoro casalingo),

più il valore del tempo libero (aggiustato per la disoccupazione) e il volontariato,

più i beni e servizi pubblici (come assistenza sanitaria, istruzione, strade e parchi),

meno le spese di tipo difensivo (come quelle per la criminalità e la pendolarità, che riducono la qualità della vita),

meno l'impatto ambientale (come lo sfruttamento eccessivo del capitale naturale, le emissioni di gas serra e l'inquinamento idrico).

Il GPI incorpora direttamente nel calcolo le diseguaglianze, usando il coefficiente di Gini per tenere conto della sperequazione dei redditi e dell'equità con cui beni e servizi di mercato sono offerti a *tutte* le famiglie. Questa correzione dei dati sui consumi fa sì che il GPI diminuisca quando la diseguaglianza cresce e quindi la performance economica registri un peggioramento. Se per esempio non avessimo aggiustato il GPI per tener conto delle diseguaglianze, nei ventiquattro anni trascorsi dal 1980 al 2004 avremmo visto il GPI degli Stati Uniti aumentare costantemente con alcuni piccoli alti e bassi, a mano a mano che il PIL pro capite aumentava, ma poiché è cresciuta la sperequazione dei redditi, i consumi delle famiglie non hanno tenuto il passo con l'incremento del reddito; in questo modo il GPI è aumentato meno del PIL.

Quando un Paese esaurisce le risorse non rinnovabili ed emette gas serra, il suo GPI diminuisce. In tutto il mondo industrializzato, il GPI scende sotto il PIL a causa dell'impatto ambientale negativo. Attribuire un valore ai fattori ambientali è difficile quando si misura la qualità della vita. Il modo di valutare le conseguenze dell'attività umana sull'ambiente non è semplice quando i sistemi del pianeta sono vicini alla soglia di sostenibilità (come abbiamo osservato nel capitolo 4). Oggi, nel calcolo del GPI, si parte dal presupposto che il capitale naturale possa essere usato quanto si vuole (sostenibilità debole). Se invece, per tutelare l'ambiente, stabiliamo limiti critici di sfruttamento per molte risorse naturali (sostenibilità forte), ove il limite venga raggiunto riconosciamo che i valori reali diventano infiniti, ossia che il danno è irreparabile. Gli esperti non sono d'accordo sul grado di danno che i nostri ecosistemi più importanti possono ancora sostenere prima di collassare, ma nel calcolare il GPI dobbiamo cercare di includere la sostenibilità forte, magari usando l'impronta ecologica. Come minimo, bisognerà aggiungere un meccanismo per cui si accende una luce rossa d'allarme se viene minacciato qualsiasi ecosistema cruciale.

Il Genuine Progress Indicator ci dice come la qualità della vita aumenti o diminuisca nel tempo, specie in termini di consumi, attività non di mercato, eguaglianza e sostenibilità. È particolarmente utile per valutare le politiche studiate per ridurre la diseguaglianza, attenuare il riscaldamento globale, fermare lo sfruttamento eccessivo del capitale naturale e ridurre le ore di lavoro. Benché i miglioramenti che queste politiche producono forse non appaiano evidenti prima di uno o due anni, la loro influenza si può simulare attraverso il GPI per ve-

dere cosa possano generare nel giro di un decennio.
E valori come la difesa dei diritti umani, le reti di sostegno sociale e la cura del prossimo? Il GPI include il tempo libero, il volontariato e le spese per l'assistenza sanitaria, e sottrae valore per la criminalità e la pendolarità, ma tralascia altri aspetti non economici della vita che sono essenziali per l'economia buddhista.
Questo ci conduce all'approccio alternativo del cruscotto di indicatori, come il Better Life Index dell'OCSE, che confronta la qualità della vita in vari Paesi calcolando le posizioni relative in classifica di tali Paesi rispetto a undici indicatori: reddito, lavoro, relazioni sociali, istruzione, abitazione, ambiente, governance, sanità, soddisfazione personale, sicurezza e rapporto vita-lavoro. Questo approccio consente di valutare aspetti non di mercato della vita che sono importanti per noi. Il lato negativo è che alla fine abbiamo una serie di indicatori, ma siamo costretti a metterli noi in ordine di priorità e a decidere noi, guardando un indicatore alla volta, se il benessere di un Paese stia migliorando o no. Non possiamo nemmeno usare il BLI per valutare i miglioramenti della qualità della vita di un Paese da un anno all'altro. Gli undici indicatori del Better Life Index (valori da 0 a 10) si basano su ventiquattro variabili che includono sia misure obiettive, come l'istruzione e la disoccupazione, sia misure soggettive, come le opinioni della gente riguardo alla soddisfazione personale o alla qualità dell'acqua. Il BLI consiste negli undici indicatori che mostrano la posizione in classifica dei trentaquattro Paesi dell'OCSE e che non sono aggregati in un valore unico. La diseguaglianza (il coefficiente di Gini) è un indicatore supplementare e non è direttamente incorporata negli altri.

La figura 5 ci mostra due indicatori BLI che ci sono ormai familiari: reddito e soddisfazione personale. Emerge chiaramente che il reddito e la soddisfazione personale non appaiono strettamente correlati nelle nazioni industrializzate. La buona notizia è che dodici Paesi (in Europa settentrionale, Nordamerica, Australia e Nuova Zelanda) hanno un'elevata soddisfazione relativa (tra 0,8 e 1,0) e solo tre (Grecia, Ungheria e Turchia) ce l'hanno bassa (molto al di sotto di 0,2). La cattiva notizia è che dieci Paesi (nell'Europa dell'est e in Sudamerica) hanno un basso reddito relativo (sotto 0,2), mentre gli Stati Uniti ce l'hanno molto elevato (sopra 0,8).

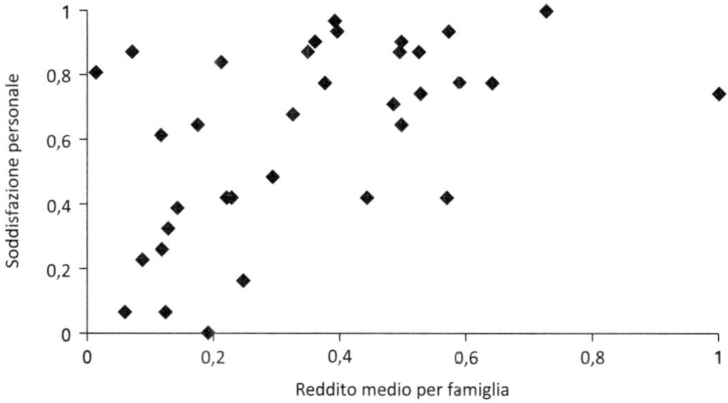


**Figura 5 – Indicatori del reddito e della soddisfazione personale relativi ai Paesi dell'OCSE, 2014**. La soddisfazione personale è uno degli indicatori della scala Cantril e il reddito medio per famiglia combina il reddito disponibile (al netto di tasse e imposte) con il patrimonio finanziario netto. Entrambi gli indicatori sono valutati tra 0 e 1 per mostrare la posizione relativa dei vari Paesi. Fonte: elaborazione di dati tratti dal Better Life Index dell'OCSE, http://www.oecdbetterlifeindex.org/.

Un metodo alternativo per creare un cruscotto di indicatori simile al BLI è quello del Well-Being Measures in uso in Gran Bretagna. Questo cruscotto mostra (un indicatore alla volta) il benessere del Regno Unito (o delle sue regioni) nel tempo, perché non converte gli indicatori in posizioni relative in classifica, come fa invece il cruscotto dell'OCSE. Il Well-Being Measures britannico comprende dieci indicatori che controllano quarantuno variabili nel corso del tempo.

A questo punto siamo costretti a chiederci in che modo quarantuno variabili si combinino per valutare la qualità della vita. Perfino per indicare il «benessere personale» ci sono cinque misure di felicità. Non c'è da stupirsi se poi si preferisce tornare alla singola misura soggettiva come la scala Cantril per rappresentare il benessere nazionale.

È attualmente allo studio un altro criterio di valutazione dell'efficacia con cui un Paese raggiunge gli obiettivi degli SDG, i Sustainable Development Goals (l'Agenda ONU 2030) per 147 Paesi. Il progetto, guidato da Jeffrey Sachs, presenta un cruscotto di dati riguardanti i diciassette obiettivi di sviluppo, poi aggrega gli obiettivi in un unico indice per ciascun Paese. Nell'ottica buddhista, l'indice e il cruscotto SDG appaiono promettenti come metodo per valutare quanti progressi facciano le nazioni nel migliorare la qualità della vita.

Nota dolente, abbiamo furbescamente eliminato da tutti i nostri indici la guerra e la violenza. La guerra uccide e mutila le persone e mette a repentaglio l'ambiente. Essa distrugge case e città e provoca giganteschi flussi di profughi che cercano disperatamente un posto sicuro in cui vivere. Tuttavia il degrado ambientale provocato dai confitti non è incluso nel calcolo delle emissioni di gas serra, e nessuna misura monetaria del benessere personale potrà mai quantificare il male e la sofferenza provocati dalle guerre e dalla violenza.

## Conclusione

Analizzando i metodi di valutazione della performance economica, abbiamo cercato di trovare il modo di misurare sia la qualità della vita, sia la sostenibilità e la prosperità condivisa. Non esiste nessun criterio perfetto. Abbiamo invece una pletora di parametri che riescono a valutare abbastanza bene la qualità della vita nei Paesi ricchi o nei Paesi poveri, e a valutare aspetti specifici del benessere come consumi, sanità, istruzione, diritti umani e relazioni sociali. Anche se esistono molti criteri alternativi rivali per valutare la performance economica in modo olistico, il PIL continua a essere utilizzato in tutto il mondo per stimare il benessere.

L'economia buddhista vorrebbe andare oltre il PIL e usare altri criteri di valutazione in grado di aiutare popoli e nazioni a garantire a tutti, in tutto il mondo, una vita sostenibile e ricca di significato. Per realizzare questo cambiamento, bisogna usare un indicatore unico, come il GPI, e sostituirlo al PIL come misura della performance economica dei vari Paesi nel corso degli anni. Bisogna che, per le loro politiche monetarie e di bilancio, i capi di governo e le banche centrali si ispirino a un unico parametro. I media devono avere un solo indice a cui fare riferimento per informare ogni mese i telespettatori di come sta andando l'economia.

Sappiamo che una sola misura espressa in dollari, come il GPI, non può includere tutti gli aspetti di una vita ricca di significato. Non può includere i diritti umani, la libertà, la governance o la felicità. Inoltre, il GPI non è un indicatore del benessere adatto ai Paesi poveri, dove i consumi sono molto bassi. Per questi motivi, vi si dovrebbero aggiungere altri indicatori. Per i Paesi emergenti, suggeriamo di aggiungere al GPI l'HDI. Per valutare specifici obiettivi non di mercato, tra cui la felicità, possiamo usare cruscotti come il Better Life Index o il Sustainable Development Goals Index. Si possono poi utilizzare, insieme, il GPI, l'HDI, il BLI ecc. per valutare le strategie che cercano di adottare i politici e altri *player*. Poiché, per la nostra sopravvivenza, occorre sia tutelato l'ambiente, dobbiamo assolutamente controllare in quale grado gli ecosistemi più importanti della Terra siano minacciati. L'impronta ecologica di un Paese, per esempio, indica se al suo interno le risorse siano usate in maniera sostenibile oppure no; le Nazioni Unite potrebbero fare scattare segnali d'allarme appena un ecosistema stesse per raggiungere i valori soglia, e potrebbero poi dirigere le operazioni che tutti i Paesi dovrebbero immediatamente intraprendere a difesa del pianeta.

Quando i vari Stati accetteranno di definire e utilizzare lo stesso identico indicatore per valutare la performance economica intesa anche come qualità della vita, ciascuna nazione deciderà individualmente a quale cruscotto di indicatori ricorrere per valutare gli obiettivi più importanti per essa.

Se i vari Paesi del mondo adottassero una misura olistica di performance economica, assieme a indicatori relativi a obiettivi sociali e politici specifici, avremmo i criteri di valutazione necessari a guidarci verso un'economia buddhista.

È ora di imboccare la strada che porta a un futuro più prospero e sostenibile. È ora di passare a un'economia buddhista.

Capitolo settimo

# IL PASSAGGIO A UN'ECONOMIA BUDDHISTA

*Negli ultimi decenni, le forze dell'avidità, dello sfruttamento e del sovraconsumo hanno sopraffatto l'economia. La nostra società materialista non ci offre in pratica altra scelta che lo sfruttamento e la competizione per sopravvivere nell'odierno mondo in cui regna l'homo homini lupus. Ma nel contempo è evidente che queste forze stanno danneggiando la nostra società e devastando l'ambiente.*

Prayut Payutto, *Buddhist Economics*

L'economia globale basata sui combustibili fossili, tutta improntata al materialismo e allo spreco, ha generato enormi diseguaglianze, e mentre i ricchi vivono nel lusso più sfrenato, i poveri conducono una vita miseranda. La nostra ossessiva ricerca della crescita economica e del consumo ci ha indotto a saccheggiare l'ambiente e a far ammalare la Terra, la nostra casa comune.

È ora di avviare un dialogo sul modo di passare a un'economia buddhista. Per il pianeta, e per noi stessi, non c'è tempo da perdere.

L'ottica buddhista ci spiega come creare un'economia sostenibile che garantisca a tutti una vita ricca di significato. In questo capitolo cercherò di riassumere i passi che le nazioni dovrebbero compiere per raggiungere

questo nobile obiettivo. Insieme, possiamo effettuare un'ampia gamma di interventi a vari livelli – individuale, sociale, nazionale e globale – al fine di ridurre il riscaldamento del pianeta e migliorare sensibilmente il benessere generale della popolazione e dell'ambiente.
Sia la prosperità umana sia la stabilità planetaria sono possibili. La transizione a un sistema economico a bassa emissione di carbonio è tecnicamente fattibile e attuabile e, quando avverrà, produrrà grandi benefici per l'economia e la salute.
Per capire gli innumerevoli modi in cui si possono usare l'azione politica, le forze economiche e la tecnologia al fine di ridurre il riscaldamento globale e distribuire equamente la prosperità, analizziamo gli otto cruciali passi che trasformerebbero l'attuale sistema in un'economia buddhista. Potreste obiettare che questi non sono gli otto interventi «migliori» e che i dettagli non sono ben calcolati (in effetti alcuni potrebbero essere sbagliati), ma vi rispondo che l'essenziale non è, oggi, definire il procedimento perfetto, bensì avviare un dialogo sui metodi per passare a un'economia buddhista che salvi la Terra e i suoi abitanti dalla distruzione causata dall'uomo e ci permetta di vivere, più saggiamente e felicemente, in armonia con il prossimo e con la natura.
Gli otto passi non vogliono tanto rispecchiare l'ottuplice sentiero buddhista, quanto fornire delle linee guida sulle strategie che i Paesi, le industrie e le persone possono adottare per indurre l'umanità a vivere una vita ricca di significato su un pianeta risanato.
I primi quattro punti riguardano le nazioni, i successivi due le aziende e gli ultimi due ciascuno di noi. Eccoli:

1. Tasse e trasferimento di risorse
2. Un'agricoltura sostenibile
3. Un nuovo indice per una nuova ottica
4. Pace e prosperità
5. Produzione e prodotti verdi
6. Salari decenti e una vita dalla dimensione umana
7. Vivere con consapevolezza, amore, compassione e saggezza
8. Collaborare tutti a nuove iniziative

## 1. Tasse e trasferimento di risorse

Un mercato ben strutturato rappresenta una parte importante dell'economia buddhista. Sappiamo che il libero mercato in realtà non esiste e che il mercato deregolamentato produce risultati inaccettabili, o meglio accettabili solo dalle poche industrie e società che lo controllano. Da quarant'anni le aziende e i *tycoon* creano regole di mercato che permettono loro di mantenere la propria ricchezza e il proprio potere. Bisogna assolutamente che i governi ristrutturino il mercato, applicando regole e imposte atte a produrre un'economia globale sostenibile di cui possano beneficiare tutti. Il mercato del futuro deve fornire agli individui e alle aziende incentivi che li aiutino a prendere decisioni utili a sostenere gli ecosistemi e a distribuire le risorse equamente.
Il ruolo dello Stato nel passo che ho definito «tasse e trasferimento di risorse» comprende tutte le azioni di

governo che servono a modificare il mercato e le attività economiche in maniera da facilitare il raggiungimento degli obiettivi buddhisti. È, questo, l'intervento più importante e complesso per il passaggio a un'economia buddhista. Include quattro misure che i Paesi di tutto il mondo dovrebbero prendere per affrontare le cruciali sfide del riscaldamento globale e delle diseguaglianze: (a) tassare e regolamentare le emissioni di gas serra e il consumo di combustibili fossili; (b) distribuire in maniera omogenea la prosperità nazionale; (c) lasciare le riserve di combustibili fossili nel sottosuolo; (d) diffondere la tecnologia verde per creare prosperità in tutto il mondo. Per potere svolgere un ruolo primario nel generare questa cruciale trasformazione, i governi dovranno essere onesti e agire nell'interesse del proprio Paese. I premier non devono sentirsi in debito nei confronti dei grandi imprenditori e dei banchieri di investimento che hanno fornito loro il denaro per costose campagne elettorali. Inoltre, nell'affrontare il problema dell'incombente catastrofe climatica, i governi e le banche centrali dovranno essere disposti ad attuare politiche che abbiano un respiro di molti decenni. Non dovranno cedere alla tentazione di pensare solo al successivo investimento o al successivo ciclo politico.

## Tassare e regolamentare le emissioni e il consumo di carbonio

Cominciamo con il tassare le emissioni e il consumo di carbonio, un'operazione che servirebbe a combattere sia il riscaldamento globale sia la sperequazione dei redditi. Il riscaldamento globale nuoce più ai poveri e alle nazioni in via di sviluppo che ai ricchi e aggrava ulteriormente le diseguaglianze. Oggigiorno, giustizia economica e giustizia ambientale vanno di pari passo tanto a livello di singoli Paesi quanto a livello globale.

Se si tassassero le emissioni di anidride carbonica, il prezzo di mercato dei combustibili fossili rispecchierebbe, ora e in futuro, i danni da gas serra. La maggior parte degli economisti, non solo quelli di orientamento buddhista, ma anche quelli di orientamento liberista, convengono che occorre una carbon tax per accelerare la transizione a un mondo libero dall'anidride carbonica. Una quarantina di governi nazionali e oltre venti Stati e località hanno cominciato a calcolare il prezzo di parte dell'inquinamento atmosferico, mentre l'FMI e la Banca Mondiale esortano oggi le nazioni a varare un'ecotassa. Tuttavia le compagnie petrolifere continuano a ricevere miliardi di dollari di sovvenzioni, che portano a una riduzione dei prezzi dei combustibili fossili, abbassano i costi della prospezione e dello sfruttamento e incrementano i profitti netti.

Provate a considerare le sovvenzioni come una tassa negativa: la società finisce per pagare un'«imposta» che finanzia i costi della compagnia. Nel caso specifico, l'«imposta» è l'inquinamento e il degrado degli ecosistemi. Alcuni Paesi offrono addirittura agevolazioni fiscali alle industrie dei combustibili fossili. Per questo motivo, nel 2009 i Paesi dell'OCSE hanno convenuto di eliminare gradualmente le loro sovvenzioni. L'OCSE controlla che le nazioni procedano effettivamente lungo la strada dell'eliminazione delle sovvenzioni, ma anche se i finanziamenti diminuiscono sempre più, lo fanno troppo lentamente. Nel 2014, i quaranta Paesi

hanno sborsato 160 miliardi di dollari per sovvenzionare l'industria dei combustibili fossili.
L'FMI stima che le sovvenzioni dirette di tutti i Paesi dell'OCSE al settore dei combustibili fossili siano state, nel 2015, di 333 miliardi di dollari. Ma la notizia scioccante è che, se si include nel calcolo il fattore dei danni all'ambiente, dei problemi di salute e di altri costi sociali, l'ammontare complessivo delle sovvenzioni sale alla vertiginosa cifra di 5500 miliardi di dollari, pari al 6,5% della produzione mondiale del 2015. Nei Paesi asiatici in via di sviluppo, i costi derivano per tre quarti dall'inquinamento atmosferico locale, specie quello provocato dall'uso del carbone e del diesel, e solo per un quarto dai cambiamenti climatici. Soprattutto in termini di salute pubblica, la qualità della vita in tali nazioni migliorerebbe molto se si smettesse di usare il carbone.
Il prezzo del petrolio e della benzina è sempre stato variabile, e questo ostacola la pianificazione da parte di Paesi e consumatori. Per renderlo costante, i governi potrebbero aumentarlo con una carbon tax che vada nella direzione contraria alla tendenza del prezzo. Mantenendo alto il prezzo delle fonti fossili si includerebbe in esso il costo sociale di tali combustibili e si garantirebbe quella costanza dei prezzi che aiuterebbe la pianificazione economica.
Purtroppo, è ancora oggetto di vivo dibattito il problema di come usare le entrate (la parte «trasferimento» del binomio «tasse e trasferimento delle risorse») derivanti dalla carbon tax. L'economia buddhista userebbe gli introiti per aiutare gli indigenti in patria e in tutto il mondo. Con i soldi delle tasse sulle emissioni di $CO_2$ i governi potrebbero rifondere in parte la popolazione per il prezzo

maggiore della benzina o, meglio ancora, premiare chi usasse meno energia. L'Alaska lo sta già facendo.

Un programma inclusivo è «tetto e dividendi» (*cap and dividend*), proposto dall'imprenditore e scrittore Peter Barnes. Il piano di Barnes è di tassare un'ampia gamma di fonti di reddito, in maniera da far entrare nelle casse dello Stato un sacco di soldi. Andrebbe posto un tetto alle emissioni di gas serra, obbligando chi le produce a pagare una multa; analoghe tasse colpirebbero le transazioni finanziarie, i diritti d'autore e altri diritti di proprietà intellettuale, l'uso dello spettro elettromagnetico ecc. I «dividendi», poi, sarebbero distribuiti equamente a tutti. Barnes calcola che il piano genererebbe cinquemila dollari di dividendi per ciascun adulto e ciascun bambino degli Stati Uniti, e che la parte rappresentata dalla carbon tax sarebbe, da sola, di mille dollari a testa. Si tratterebbe senza dubbio di una partita in cui la Terra e l'umanità avrebbero solo da guadagnare.

Alcuni Paesi, come Germania, Francia e Stati Uniti, sono riusciti a ridurre le emissioni con una regolamentazione che rappresenta un complemento essenziale della carbon tax e, anzi, forse potrebbe bastare da sola a risolvere il problema. Le norme contro le emissioni di gas serra delle industrie, contro le automobili ad alto consumo e contro l'inquinamento idrico hanno prodotto aria e acqua più pulite, e una migliore performance ambientale delle industrie nel loro complesso. Un'importante indagine americana mostra come, grazie all'applicazione di tali norme, tra il 1990 e il 2008 le emissioni dei principali inquinanti da parte delle industrie americane siano diminuite del 60%, pur avendo la produzione industriale continuato a crescere sensibilmente. La riduzione degli inquinanti atmosferici che è stata rilevata in quel periodo era in gran parte dovuta a leggi più severe a tutela dell'ambiente.

Nel frattempo le imposte sui consumi, in particolare quelle sui beni di lusso, possono ridurre le diseguaglianze. Le tasse sui consumi, che gli acquirenti non possono evitare, esistono già in molti Paesi dell'Asia e dell'Europa sotto forma di imposta sul valore aggiunto (IVA), anche se non sono quasi mai progressive. Si potrebbero usare le imposte progressive sui redditi e sulla ricchezza della fascia più abbiente della popolazione, insieme con le tasse sui beni di lusso, per trasferire risorse alle famiglie a basso reddito.

Se i governi tassassero le emissioni di gas serra e i consumi, indurrebbero le aziende a usare le rinnovabili e investire in esse, e incoraggerebbero la gente ad adottare uno stile di vita che non consista nell'esibire la ricchezza e devastare il pianeta. Un programma di «tasse e trasferimento di risorse» garantirebbe una prosperità condivisa, una riduzione della sofferenza delle fasce basse di reddito e un minore isolamento delle fasce alte.

## Una prosperità condivisa in patria

I Paesi ricchi hanno da scegliere tra una vasta gamma di opzioni, se vogliono tassare e trasferire risorse in maniera da favorire una più equa ridistribuzione del reddito. Il programma dovrebbe essere ampio e sostanzioso. Ecco un breve elenco di strategie di ridistribuzione che sono auspicate da eminenti economisti contemporanei.

(1) La prima idea è quella di un reddito minimo garantito che fornisca a tutti una rete di sicurezza. Questa linea

politica ha una lunga storia, essendo stata proposta e contestata sia dai conservatori sia dai *liberal*, negli Stati Uniti. Oggi un mio noto collega, Robert Reich, sostiene una versione ritoccata del programma, secondo la quale bisognerebbe garantire a tutti i cittadini adulti un reddito minimo con i profitti derivanti dai brevetti.

(2) La seconda idea è di offrire una dotazione di capitale ai giovani che diventano maggiorenni, perché possano pagarsi l'istruzione universitaria o investire nel loro futuro, come fanno (con molti più soldi) i ragazzi ricchi.

(3) La terza idea è quella di un azionariato operaio e di una compartecipazione agli utili dei dipendenti, un'altra politica con una lunga storia alle spalle, di cui oggi si fa alfiere l'economista di Harvard Richard Freeman, il quale vedrebbe con favore che gli operai ricevessero parte del reddito da capitale dell'azienda. Le industrie in quel caso avrebbero il vantaggio della fedeltà e della maggiore produttività degli operai, una partita, ancora una volta, dove vincerebbero tutti, sia i lavoratori sia le aziende. Ma se anche le industrie trovassero il modo di produrre prosperità condivisa, ci sarebbe davvero, questa prosperità da condividere, nel caso la Terra si surriscaldasse?

## Lasciateli sottoterra

Gli ambientalisti gridano: «Lasciateli sottoterra!» per ricordarci che è meglio smettere di estrarre i combustibili fossili dal sottosuolo. Oltre l'80% delle attuali riserve di carbone, metà riserve di gas e un terzo delle riserve di petrolio dovranno restare nel sottosuolo se vorremo evitare che il surriscaldamento della Terra superi i due gradi centigradi di cui parla l'accordo di Parigi. Tuttavia gli Stati Uniti hanno enormemente aumentato le riserve di combustibili fossili con il *fracking*, la nuova tecnologia che estrae petrolio e gas naturale combinando la fratturazione idraulica con la perforazione orizzontale. Il *fracking* ha offerto diversi vantaggi agli Stati Uniti: li ha resi molto meno dipendenti dal petrolio del Medio Oriente per il fabbisogno di energia, ha permesso ai consumatori americani di pagare meno la benzina e il riscaldamento domestico, ha fatto fare meno profitti alle compagnie petrolifere e carbonifere e ha consentito di eliminare a poco a poco, e a un costo inferiore, le centrali a carbone. Lo svantaggio è che in genere le «nuove» riserve rese disponibili dal *fracking* non si possono sviluppare senza surriscaldare il pianeta. Il governo americano dovrebbe prendere l'iniziativa di «lasciarle sottoterra» vietando l'estrazione di combustibili fossili nei territori di proprietà dello Stato, che contengono la metà di tutte le restanti riserve di combustibili fossili degli Stati Uniti.

Non lasciatevi trarre in inganno dall'industria del gas naturale, la quale sostiene la necessità di usare sempre di più questo presunto combustibile fossile «pulito», che farebbe, dicono, da ponte tra il carbone e le rinnovabili. Molti non sanno che il gas naturale è perlopiù composto da metano ($CH_4$), un gas serra. Il gas naturale non è energia pulita a causa delle forti perdite di metano che avvengono nei pozzi di perforazione, lungo i condotti e attraverso la tecnica del *fracking*. La sua estrazione e il suo trasporto hanno causato enormi perdite di metano invisibile nell'atmosfera. La maggior parte di tali fuoruscite non è misurata né calcolata nelle emissioni di gas serra, ma si può vedere il metano nell'aria della California e degli Stati Uniti sudoccidentali sul sito http://sanfranci

sco.cbslocal.com/2014/10/09/mysterious-sources-of methane-viewed-from-space-makes-central-california-2nd-worst-hot-spot-in-nation-agriculture-nasa-global warming-fresno-livestock/.

Sappiamo che imporre una carbon tax è importante se si vogliono creare i giusti incentivi in termini di prezzo del carbonio. Tuttavia, per realizzare un'economia post-combustibili fossili, occorre anche un'azione diretta in altri tre ambiti:

- Sostituire i combustibili fossili con energie rinnovabili per produrre elettricità pulita.
- Usare elettricità pulita per i veicoli e il riscaldamento.
- Da un lato migliorare l'efficienza energetica nelle industrie, nell'edilizia, nei macchinari e nel sistema dei trasporti, dall'altro ridurre lo spreco di energia.

Perché si possano raggiungere questi obiettivi bisogna che i governi facciano colossali investimenti in infrastrutture pubbliche e sovvenzionino le rinnovabili.

Alla COP21, la maggior parte dei Paesi industrializzati ha approvato l'obiettivo del cosiddetto 80/50: ridurre entro il 2050 le emissioni di gas serra di almeno l'80% rispetto ai livelli del 1990. È possibile realizzare il progetto dell'80/50 con la tecnologia esistente e il costo sarebbe relativamente basso: solo l'1% del PIL, per gli Stati Uniti. Eppure pochissime nazioni, oggi, sono sulla buona strada per raggiungere anche questo modesto obiettivo e, anzi, tra il 2012 e il 2014 gli Stati Uniti hanno aumentato il loro utilizzo di combustibili fossili e le loro emissioni di gas serra.

I Paesi industrializzati devono prendere l'iniziativa di sviluppare economie libere da $CO_2$. Finora, le nazioni europee hanno mostrato maggior buona volontà degli Stati Uniti. La Germania sta dando l'esempio, perché punta ad avere quasi esclusivamente fonti rinnovabili e ad abbandonare del tutto le centrali nucleari entro il 2050: un obiettivo del 100/50. Anche se le bollette della luce elettrica aumenteranno un po' per le aziende e i privati cittadini tedeschi, il passaggio all'energia verde favorirà la crescita economica grazie ai grandi investimenti in infrastrutture. Si valuta che la conversione all'energia pulita, chiamata in tedesco *Energiewende*, porterà a una crescita del PIL dell'1% annuo e a un aumento netto dell'occupazione tra il 2012 e il 2030.

I climatologi ora pensano che, per mantenere il riscaldamento globale sotto i 2 °C, come previsto dall'accordo COP21, tutto il mondo dovrebbe ridurre dell'80% le emissioni di gas serra entro il 2030, non entro il 2050. Bisogna che i Paesi ricchi cerchino di ridurre al più presto a zero le loro emissioni. Potrà sembrare un'utopia, ma la ricerca dimostra che è possibile arrivare entro il 2050 al 100% di energie rinnovabili usando la tecnologia disponibile e a un costo sociale ragionevole. Secondo il piano d'azione WWS (vento, acqua e luce del sole) della Stanford University, 139 Paesi possono realizzare una conversione dell'80-85% alle rinnovabili entro il 2030 e del 100% entro il 2050. Analogamente, il meno ambizioso Deep Decarbonization Pathways Project (DDPP), un progetto di collaborazione internazionale promosso dall'ONU, mostra come l'obiettivo dei 2 °C si possa realizzare in sedici delle maggiori economie del mondo, tra cui gli Stati Uniti, la Cina, l'India, il Giappone e la Germania. Secondo il DDPP, questi sedici Paesi, che oggi sono responsabili dei tre quarti delle emissioni di $CO_2$ dovute all'energia, possono ridurre i gas serra portandoli entro il 2050 del 50% sotto i livelli del 2010, l'equivalente di un 75/50. Gli obiettivi del DDPP sono modesti, giacché il più ambizioso è di 5/50. I Paesi emergenti, soprattutto la Cina, continuerebbero a incrementare le emissioni di $CO_2$ fino al 2020, per poi ridurle gradatamente fino al 2030, quando dovrebbero impegnarsi a ridurle molto di più. Le emissioni dell'India aumenterebbero leggermente dal livello del 2010, che era basso, fino al 2030, per poi rimanere circa uguali fino al 2050. Nonostante questo, nel 2050 le emissioni indiane sarebbero meno della metà di quelle cinesi, e queste ultime sarebbero così elevate da risultare pari a quelle degli altri quindici Paesi messi insieme. Il DDPP è un inizio politicamente realistico della via che porta alle emissioni zero.

Ce la possiamo fare!

La tecnologia ha svolto un ruolo importante nella nostra società, prima creando un'economia basata sui combustibili fossili e oggi offrendoci i mezzi per fondare una nuova economia dove l'energia sia pulita. Assegnare un prezzo corretto ai combustibili fossili incoraggerebbe ancora di più l'innovazione e permetterebbe di usare in maniera positiva il potere della concorrenza. Quando una tecnologia è pronta per essere applicata su larga scala, la concorrenza stimola l'innovazione e fa scendere i prezzi. I pannelli solari, composti da celle fotovoltaiche, rappresentano un esempio eccellente di come, una volta creato il mercato, i prezzi diminuiscano in fretta e la tecnologia migliori. Dal 1979 al 2015, i prezzi dei pannelli solari sono diminuiti del 22% a ogni raddoppio del volume di produzione. Tra il 2010 e il 2014, il prezzo è sceso del 20-30%.

Oggi bisogna dare la precedenza assoluta allo sviluppo di tecnologie che permettano di immagazzinare meglio l'energia. A livello di consumatore, occorrono batterie per le auto elettriche che siano più leggere e più a buon mercato, e che durino di più e si carichino più in fretta. A livello sociale, occorre che le aziende pubbliche creino riserve di energia per i periodi in cui il vento non tira, il sole non splende e i fiumi non fanno girare le turbine idroelettriche. Le imprese private stanno enormemente migliorando le batterie delle auto elettriche, e i vari governi studiano come sviluppare e realizzare un sistema di immagazzinamento dell'energia per le società di servizi pubblici.

Purtroppo, i finanziamenti statali per la ricerca e lo sviluppo di nuove tecnologie come il CCS, la cattura e il sequestro del carbonio, non producono sempre i risultati sperati. Come abbiamo visto in precedenza, i massicci investimenti in CCS non hanno ancora dato frutti, soprattutto perché la tecnica di cattura e sequestro è molto costosa, se confrontata con il basso costo dei combustibili fossili. Nell'ultimo decennio i governi hanno investito miliardi di dollari nei progetti CCS, ma usare tale sistema nelle centrali elettriche è costoso e difficile. Benché l'energia nucleare sia controversa a causa dei disastri accaduti in passato in Russia, Stati Uniti e Giappone, secondo molti climatologi i reattori nucleari di Generazione 4 che oggi si stanno mettendo a punto rappresentano un modo sicuro ed efficace di soddisfare le necessità energetiche globali. Al momento attuale si sta lavorando a sei versioni di Gen 4, ognuna delle quali rappresenta un progresso in termini di sostenibilità, costi e sicurezza. I reattori veloci, in particolare, rigenerano l'uranio consumato dagli impianti di Generazione 3, non producono scorie nucleari e sono resistenti alla proliferazione (cioè riducono al minimo il rischio che materiale abbastanza puro da essere utilizzato per armi nucleari sia rubato da terroristi o Stati canaglia). Anche se nel lungo periodo questa ricerca risulterà preziosa, il grave inconveniente dell'energia nucleare è che per progettare e costruire una centrale Gen 4 occorrerebbero dai venti ai quarant'anni, sempre ammesso che non vi siano contestazioni e ostacoli lungo il percorso. È un tempo di attesa troppo lungo per raggiungere l'obiettivo di 80/30, specie considerato che abbiamo già la tecnologia necessaria a produrre energia pulita idroelettrica, solare ed eolica. Tuttavia, i Paesi in via di sviluppo o emergenti, in particolare la Cina e l'India, che hanno miliardi di abitanti assetati di energia e desiderosi di condurre una vita confortevole, potrebbero trarre beneficio da centrali nucleari Gen 4 costruite dopo il 2030, specie considerato che, secondo le previsioni del DDPP, questi due grandi Paesi dovrebbero emettere ben sette gigatoni di $CO_2$ entro il 2050, cioè il 70% delle emissioni totali dei sedici Paesi del DDPP.

## Condividere la tecnologia verde per creare prosperità in tutto il mondo

I Paesi ricchi hanno prodotto il riscaldamento globale con l'industrializzazione e la crescita basate sui combustibili fossili. Ora hanno le risorse e l'obbligo di aiutare i Paesi poveri a seguire la strada della crescita sostenibile. Uno dei modi per farlo è di fornire loro le tecniche per ottenere energia pulita e migliorare il loro tenore di vita nel quadro di un'economia sostenibile. Tanto le nazioni ricche quanto quelle povere devono combinare strategie che attenuino il riscaldamento globale con strategie che riducano le diseguaglianze, perché queste due situazioni critiche sono ormai interconnesse.

Le nazioni emergenti, come la popolosa Cina e la popolosa India, hanno bisogno di crescita economica per fornire beni primari, assistenza sanitaria e istruzione a tutti i loro cittadini. Hanno anche bisogno di accedere alla tecnologia verde e a finanziamenti che incoraggino una crescita economica sostenibile, così da saltare il passaggio delle tecnologie dei combustibili fossili e da utilizzare direttamente solo le rinnovabili.

Si compirebbe un passo verso questo obiettivo se i Paesi industrializzati assolvessero il loro impegno di finanziare con cento miliardi di dollari l'anno fino al 2025 i Paesi in via di sviluppo, per aiutarli a passare alle rinnovabili e ad adattarsi in maniera resiliente ai cambiamenti climatici. Ma l'OCSE riferisce che nel 2014 il mondo industrializzato ha destinato una somma notevolmente inferiore, ossia 61,8 miliardi di dollari, al mondo in via di sviluppo.

La Cina e l'India rappresentano esempi diversi del modo in cui le economie emergenti reagiscono alla crisi del clima. La Cina ha basato la sua rapida crescita in gran parte sul carbone, che ha creato un inquinamento atmosferico intollerabile, ma nel 2014 si è impegnata a fermare l'espansione delle centrali a carbone e ad aumentare l'uso di gas naturale, vento ed energia solare. L'India, invece, il cui PIL di 5701 dollari pro capite è assai più modesto del PIL di 13.206 dollari pro capite della Cina, intende incrementare sempre più l'utilizzo di combustibili fossili, in particolare dell'economico carbone. Se da un lato ha aumentato l'uso delle rinnovabili, dall'altro ha investito infinitamente di più nelle centrali a carbone, e oggi ha l'aria più inquinata del mondo.

Nel complesso, le nazioni dell'OCSE stanno rendendo la crescita economica sempre più indipendente dall'utilizzo dell'energia da combustibili fossili. Ma, secondo la visione buddhista, devono fare uno sforzo ulteriore per incoraggiare uno stile di vita sostenibile, dove si riducano i consumi eccessivi e il superlavoro, e le persone abbiano il tempo di godersi la vita e aiutarsi a vicenda. I Paesi industrializzati hanno l'obbligo di passare rapidamente a economie post-carbonio e di favorire la ridistribuzione dei consumi dai ricchi ai meno ricchi, in maniera che il consumo totale pro capite non aumenti. A quel punto la crescita economica, nel mondo industrializzato, si baserà sulle spese per costruire infrastrutture adatte a una moderna economia post-combustibili fossili.

I Paesi poveri potranno godere di un migliore tenore di vita anche riducendo il tasso di natalità e ponendosi l'obiettivo di una crescita demografica pari a zero o negativa, un obiettivo che è già stato raggiunto in diciannove Paesi europei e in Giappone. L'alto tasso di natalità del Sudest asiatico e dell'Africa mette e repentaglio la salute delle madri e pregiudica la capacità delle famiglie di assicurare adeguato nutrimento ai figli. L'accesso all'assistenza sanitaria e ai contraccettivi permetterebbe alle donne di tutto il mondo di avere, com'è giusto, il controllo della propria vita e di allevare figli sani a cui dare un'adeguata istruzione. Inoltre, se la popolazione

non fosse in costante aumento, i Paesi poveri sarebbero molto più in grado di garantire a tutte le famiglie i beni primari, l'assistenza sanitaria e l'istruzione scolastica per i figli, e di effettuare nel contempo la transizione a un'economia sostenibile.
Il primo degli otto passi dell'economia buddhista, «tasse e trasferimento di risorse», affronta il problema del riscaldamento globale, che riguarda uno dei quattro ecosistemi minacciati dalle attività umane. Il passo successivo, «agricoltura sostenibile», riguarda gli altri tre ecosistemi attualmente a rischio: il ciclo fosforo-azoto che rende possibile l'agricoltura; il sistema del territorio, con le sue foreste e le sue fonti di acqua dolce; la biodiversità, ossia la coesistenza di molte specie nell'ambiente terrestre.

## 2. Un'agricoltura sostenibile

L'agricoltura industriale produce un terzo delle emissioni totali di gas serra, e il suo abuso di acqua e fertilizzanti devasta fiumi, laghi e oceani. Le foreste sono abbattute per permettere al bestiame di pascolare e per coltivare la soia che serve da foraggio. Il bestiame e il pollame consumano oltre il 70% della soia di tutto il mondo. La deforestazione provoca la scomparsa di specie e modifica il clima, il che provoca siccità.
L'agricoltura industriale fatta in funzione del bestiame e della produzione dell'olio di palma, molto usato negli alimenti lavorati, hanno distrutto cruciali ecosistemi nelle foreste pluviali dell'America del Sud, del Sudest asiatico e dell'Africa. Le foreste pluviali svolgono un ruolo impor-

tante nel clima locale e globale, perché generano precipitazioni atmosferiche e assorbono l'anidride carbonica. Le foreste tropicali producono nuvole da pioggia anche in posti assai distanti da esse. Inoltre, per molti Paesi in via di sviluppo ricchi di foreste, la deforestazione rappresenta la fonte principale di inquinamento da emissioni. Se le foreste tropicali fossero tutte raggruppate in un unico Paese, la deforestazione supererebbe l'Unione Europea come fonte di emissioni annue di gas serra. Fermare la deforestazione rappresenta un passo gigantesco da fare per attenuare i cambiamenti climatici. Per compierlo, i Paesi industrializzati devono capire che più mangeranno carne e consumeranno olio di palma, più i Paesi in via di sviluppo abbatteranno foreste.

Tutte le nazioni devono smettere di diboscare e devono piantare di nuovo gli alberi che esistevano nei territori adibiti a pascolo. Già oggi molta gente pianta alberi in tutto il mondo, ma i vari Paesi possono fare qualcosa di più, ossia creare e ricreare foreste. Lo slogan dovrebbe cambiare, passando da «Pianta un albero» a «Pianta una foresta».

L'agricoltura sostenibile, che usa la Terra e l'acqua saggiamente, comprende varie pratiche: usare il concime e fare la rotazione delle colture per permettere al suolo di rigenerarsi; utilizzare solo pesticidi naturali; allevare le bestie dignitosamente, senza rimpinzarle ogni giorno di ormoni e antibiotici. Queste pratiche sostenibili permettono alla Terra di rigenerarsi in maniera naturale e favoriscono la vita delle api e di altre specie che fanno parte degli ecosistemi terrestri.

Quando finanziano un'agricoltura sostenibile nei Paesi più poveri, i Paesi industrializzati devono tenere presente che la sostenibilità delle comunità rurali dipende dalla salute dei relativi ecosistemi e della relativa cultura. Bisogna che i piani di sviluppo si concentrino più sulla performance olistica dell'ecosistema che sulla produttività di un singolo progetto, in maniera che la resilienza degli ecosistemi rurali resti intatta e continui ad alimentare la vita e la cultura locali.

Un problema cruciale, a livello globale, è quello delle riserve di acqua dolce necessarie agli animali (compresi gli uomini) e all'agricoltura. La quantità di acqua necessaria aumenta con l'aumentare della popolazione e del reddito mondiali, e le risorse idriche disponibili diminuiscono con l'aumentare del riscaldamento globale. Per la produzione di carne, soprattutto di manzo, occorrono enormi quantità di acqua. Oggi che i cambiamenti climatici fanno sciogliere i ghiacciai e le calotte glaciali e aggravano le siccità, le reti fluviali danneggiate sopravvivono a fatica. Poiché l'acqua di superficie di fiumi, torrenti e laghi sta evaporando, si estrae sempre più acqua freatica, scavando sempre più a fondo nel terreno.

Tante persone, al mondo, non hanno facile accesso all'acqua potabile, e in alcuni Paesi donne e ragazze dedicano molte ore al giorno al compito di andare a prelevare acqua da fiumi e laghi, caricarla in giare e portarla a casa. Chi beve acqua contaminata contrae le malattie causate da questo tipo di inquinamento, come vermi, diarrea e febbre tifoide. Gli abitanti delle zone rurali dispongono delle tecniche per produrre acqua potabile a basso costo a livello di villaggio o di famiglia, e parecchi di questi dispositivi vengono attualmente utilizzati in Africa e India. I ricercatori della mia università hanno messo a punto filtri per fornire acqua potabile a poco prezzo. Tuttavia non basta: i governi di tutto il mondo devono garantire un accesso facile e universale all'acqua potabile; è il punto 6 degli SDG, i Sustainable Development Goals dell'ONU.

Vi è una variazione enorme nel consumo di acqua pro capite delle nazioni. Dalla quantità d'acqua usata si capisce in che modo l'agricoltura sia destinata alla coltivazione delle piante alimentari, quanta gente mangi carne, come siano curati prati e giardini e quanto si sprechi il prezioso liquido. I Paesi ricchi consumano molta più acqua pro capite dei Paesi poveri. Gli Stati Uniti consumano quattro volte l'acqua dei cinesi e ventidue volte quella dei nigeriani; consumano addirittura il triplo d'acqua della Francia, un'altra nazione industrializzata la cui agricoltura è importante e redditizia.

Il mondo dovrebbe amministrare molto meglio le sue preziose risorse idriche. L'agricoltura, l'industria e le città ricavano dal capitale naturale il triplo d'acqua di quella che è realmente consumata, e la quantità che avanza viene o sprecata o restituita al sistema, spesso inquinata. L'agricoltura butta via risorse idriche irrigando troppo e in maniera inefficiente e facendo rifluire in fiumi, mari e oceani un'acqua piena di pesticidi e fertilizzanti. Di recente sono state messe a punto nuove tecniche di irrigazione basate sui sensori, che permettono di innaffiare piante o alberi solo quando è necessario e di ridurre così parecchio lo spreco. Pianificare e gestire meglio le risorse idriche è fondamentale per venire incontro alla domanda globale di acqua.

La fame è un'altra tragedia globale, che rende rachitici per la denutrizione e l'inedia innumerevoli bambini. Sviluppare in tutto il mondo un'agricoltura sostenibile e regolamentare la pesca consentirebbero di incrementare le risorse alimentari nei luoghi vicini a quelli in cui la gente consuma i prodotti, e contribuirebbe in maniera rilevante a nutrire gli affamati. I Paesi industrializzati possono e devono svolgere un ruolo importante nella realizzazione di un'agricoltura sostenibile e nella regolamentazione della pesca sia in patria sia all'estero.

Un altro sistema per permettere a tutti di andare a letto con la pancia piena è senza dubbio quello più semplice: ridurre lo spreco. Secondo un rapporto delle Nazioni Unite, oltre un terzo degli alimenti prodotti non vengono mai consumati. A livello globale, si sprecano ogni settimana 22,7 miliardi di chili di generi alimentari, una quantità che basterebbe a sfamare 800 milioni di denutriti. Le nazioni ricche devono smettere di sprecare le loro eccedenze di cibo, e tutte le nazioni devono rendere più efficiente la loro produzione alimentare, in maniera da ridurre le perdite. Tanto nel mondo industrializzato quanto in quello in via di sviluppo, queste perdite si verificano durante gli stadi del raccolto, del trasporto e della lavorazione degli alimenti. Nei Paesi ricchi, lo spreco avviene anche quando negozi e famiglie gettano via il cibo, di solito perché aveva un unico difetto o perché ne avevano acquistato troppo. L'acqua e il suolo che sono serviti a produrre alimenti, e i gas serra emessi nel corso del processo, danneggiano gravemente gli ecosistemi. Se lo spreco alimentare fosse un Paese, sarebbe il terzo del mondo per emissioni di gas serra, dietro agli Stati Uniti e alla Cina: un costo iperbolico, immorale e inutile.

Mentre i bambini dei Paesi poveri sono rachitici per la denutrizione, i bambini dei Paesi ricchi accusano problemi di salute legati all'obesità. Negli Stati Uniti, dove il

17% dei bambini e il 35% degli adulti sono obesi, i Centers for Disease Control and Prevention hanno dichiarato: «L'epidemia di obesità rappresenta una grave minaccia per la salute della popolazione degli Stati Uniti». Il consumo di bibite è una delle principali fonti di calorie da zuccheri, specie negli adolescenti, eppure il tentativo di tassare le bibite sia a livello locale sia a livello federale è stato contrastato dalle industrie produttrici di bevande zuccherate. Per esempio a Richmond, in California, che è la mia città natale e ha centomila abitanti, circa la metà dei bambini è sovrappeso o obesa. Nel 2012 fu proposta alle elezioni comunali una tassa sugli zuccheri, ma le grandi industrie produttrici di bibite finanziarono con due milioni e mezzo di dollari una campagna per convincere i piccoli negozianti e gli elettori che la tassa era ingiusta e avrebbe fatto aumentare i prezzi. E vinsero.

Sia a livello comunale sia a livello statale si possono imporre delle tasse sugli alimenti malsani, se ne può limitare la vendita nelle scuole e si possono fare campagne informative sui danni che provocano. Se la gente consuma alimenti nocivi, il governo deve prendere delle iniziative per tutelare la salute pubblica.

## 3. Un nuovo indice per una nuova ottica

Come fanno, le nazioni, a capire se la loro economia sta diventando più equa e sostenibile? Valutando la performance economica. Sono decenni che tale performance è stimata attraverso il PIL, ma oggi molti economisti e leader politici convengono che bisogna superare que-

sto indice e trovare parametri più ampi di valutazione del benessere.
Come si è detto nel capitolo 6, possiamo usare un indicatore unico per controllare il progresso economico all'interno di un Paese e tra Paesi, e integrarlo con un cruscotto di indicatori relativi a obiettivi specifici. Sia nel calcolo della performance economica sia nella valutazione degli obiettivi specifici bisognerebbe tenere conto anche del benessere delle future generazioni di uomini e donne e della sopravvivenza di altre specie, ovvero di una popolazione che non ha voce in capitolo e può contare solo sul nostro senso di responsabilità e sul nostro scrupolo morale nei suoi confronti.
L'ONU è l'organizzazione che più si preoccupa di promuovere la sostenibilità e ridurre la povertà. Ha decenni di esperienza alle spalle nella raccolta e nell'analisi dei dati e nel riunire le varie nazioni del mondo per indurle a risolvere insieme il problema dello sviluppo sostenibile e dei cambiamenti climatici. Avendo un'approfondita conoscenza sia dei temi sia dei suoi 193 membri, l'ONU ha tutte le qualifiche per mettere a punto e far valere in tutti i Paesi un indicatore unico della perfomance economica, come il Genuine Progress Indicator, insieme con un cruscotto di indicatori specifici a esso complementare. Chiamiamo questo ipotetico indice della performance GPI-ONU.
Il GPI-ONU combinerebbe varie misure già esistenti: l'Indice di sviluppo umano (HDI) dell'ONU, aggiustato per tenere conto delle diseguaglianze e dei diritti delle donne; l'SDGI, il Sustainable Development Goals Index dell'ONU (sia il cruscotto sia l'indice aggregato); il SEEA (System of Environmental-Economic Accounting)

dell'ONU, che fornisce un'ampia gamma di dati statistici e indicatori relativi all'energia, l'acqua, le risorse del suolo e gli ecosistemi.

Insieme, queste misure, unite ai dati provenienti dal Better Life Index dell'OCSE e ad altri indici che vengono già calcolati in tutto il mondo, sono in grado di fornire gli input per le componenti del GPI-ONU, che verrebbero poi aggregate in un unico indicatore capace di esprimere la performance economica. Per questa operazione occorrerebbe associarsi con altre organizzazioni mondiali, come la Banca Mondiale, l'FMI e l'OCSE. La Banca Mondiale ha già istituito una partnership globale, la Wealth Accounting and Valuation of Ecosystem Services (WAVES), per aiutare i Paesi e le aziende a realizzare un'adeguata valutazione del capitale naturale, basata sui dati SEEA.

I punti di forza dell'indicatore unico GPI-ONU sarebbero l'ampiezza e la capacità di stimare la performance economica sia dei Paesi industrializzati sia dei Paesi in via di sviluppo. La performance economica aumenta nei Paesi ricchi se il denaro usato per il consumo di beni di lusso viene trasferito ai consumi primari dei poveri, se viene ridotta la settimana di lavoro e i lavoratori possono dedicare più tempo alla famiglia e alle relazioni sociali, e se c'è una generale riduzione delle spese superflue. La performance economica dei Paesi più poveri aumenta se migliorano i consumi primari, l'istruzione e l'assistenza sanitaria. Inoltre, tutte le nazioni registrano una performance migliore quando lo sfruttamento del capitale naturale diminuisce e gli ecosistemi sono risanati.

Il cruscotto di indicatori da aggiungere al GPI-ONU potrebbe includere anche indici non di mercato, come la scala Cantril che misura la soddisfazione personale (felicità), e i dati riguardanti il comportamento dei vari Paesi in settori specifici. L'SDGI, per esempio, rappresenta un passo importante verso la valutazione di quanto efficacemente agiscano le nazioni in campi come quelli dei diritti umani, delle opportunità, della sicurezza e di altri aspetti della qualità della vita che sono difficili da misurare e che non sarebbero inclusi nell'indicatore unico GPI-ONU.

Certo, le persone ragionevoli e di buona volontà non concordano su cosa sia più importante per i popoli e i Paesi, e nemmeno su quali siano gli obiettivi economici fondamentali. Agli esperti che contestano l'aggregazione di vari indicatori in un unico indice, ribatto che si possono apprendere così tante cose aggregando questi dati, che vale la pena rischiare di incorrere in qualche piccolo problema. L'ONU sa come arrivare ai compromessi necessari per raggiungere un certo obiettivo e procedere avanti. Possiamo imparare a mano a mano che progrediamo: l'indice unico e il cruscotto di indicatori si potranno ampliare e migliorare strada facendo, con l'esperienza.

Di fatto, se non ci fosse un indice unico per misurare la qualità della vita, temo che i Paesi ricchi continuerebbero a consumare alla grande, anziché cercare di passare a uno stile di vita sostenibile basato su relazioni e attività ricche di significato e in armonia con la natura. Una parte cruciale del processo di trasformazione consiste nel cambiare ottica, abitudini e attività quotidiane. L'idea che la gente ha di una vita buona evolve a mano a mano che chi non aveva niente ottiene un tenore di vita decente e si rende conto che la felicità dipende più dalla salute, dalle relazioni appaganti, dalla sicurezza e dall'oblatività che dalla ricchezza. Inseguire il denaro porta più dolore che felicità. Misurare la performance economica in base alla qualità della vita anziché al PIL modifica l'orientamento, e aiuta Paesi e popoli a concentrarsi sull'obiettivo di offrire a tutti un'esistenza ricca di significato. È un passo cruciale verso la realizzazione dell'economia buddhista.

## 4. Pace e prosperità

Al momento attuale, il benessere dell'umanità è minacciato da innumerevoli conflitti e violenze: in vari Paesi infuria la guerra civile, altre guerre sono mosse da Stati potenti, primi fra tutti Stati Uniti e Russia, e in tutto il mondo si verificano orrendi attentati terroristici. La crisi dei rifugiati siriani in Europa è solo una delle più recenti tragedie provocate da conflitti e violenza.

Gli Stati Uniti e i loro alleati sono impegnati ormai da quindici anni nella lotta al terrorismo, ma il risultato sembra essere solo altro terrorismo, altra violenza, altro odio. L'economia buddhista suggerisce una strategia diversa: sostituire alla guerra un aiuto umanitario a lungo termine che abbia come scopo il progresso politico, economico e sociale.

Questa strategia ricorda quella di Economists for Peace and Security, una rete internazionale che mira a «promuovere soluzioni non militari ai problemi mondiali e, più in generale, agire al fine di liberare tutti dalla paura e dal bisogno». Il motto di EPS è un proverbio somalo: «Guerra e carestia. Pace e latte». La loro eccellente ricerca, condotta da studiosi di fama mondiale, mi ha insegnato tante cose sull'economia di guerra e di pace. Uno dei sistemi migliori per arginare la violenza sarebbe di porre severi limiti al lucrosissimo traffico internazionale di armi. La possibilità di acquistare facilmente armi ha alimentato guerre civili e terrorismo in tutto il mondo e prodotto ancora più repressione politica, ancora più violazioni dei diritti umani e una immensa quantità di vittime e sofferenza.

Il traffico internazionale di armi è diminuito dai primi anni Ottanta, quando era molto intenso, ai primi anni Duemila, quando ha ricominciato ad aumentare. I cinque maggiori esportatori di armi dal 2010 al 2014 sono stati gli Stati Uniti (31%) e la Russia (27%), seguiti da Cina, Germania e Francia (5% ciascuna). Insieme, questi cinque Paesi sono responsabili di quasi il 75% di tutte le armi vendute al mondo.

I sei maggiori importatori di armi dal 2010 al 2014 sono stati l'India (15%), l'Arabia Saudita e la Cina (5% ciascuna), gli Emirati Arabi Uniti, il Pakistan e l'Australia (4% ciascuno). Il traffico internazionale di armi varia da Paese a Paese, e rispecchia le guerre che vengono combattute. Nel 2014, l'Arabia Saudita ha incrementato enormemente le sue importazioni di armi, diventando il massimo importatore del mondo al posto dell'India.

Nel lodevole tentativo di impedire che le armi vendute fossero utilizzate in conflitti e nella repressione dei diritti umani, nel 2014 le Nazioni Unite hanno ottenuto, con laboriosi negoziati, di far firmare a settantasette Paesi il fondamentale ATT, l'Arms Trade Treaty (Trattato internazionale sul commercio delle armi), che riguarda tutte le armi convenzionali, dalle pistole alle corazzate.

I firmatari hanno convenuto di valutare il pericolo che le armi vendute servano a fomentare conflitti o violare diritti umani, e di bloccare il loro trasferimento oltre i propri confini quando il rischio di questo utilizzo improprio sia troppo elevato. Il trattato vieta anche il trasferimento di questo materiale in presenza di un embargo di armi deciso dall'ONU. Particolare significativo, Russia e Cina non hanno firmato l'ATT, mentre altri grandi esportatori di armi, come gli Stati Uniti, la Germania e la Francia, sì. Dei sei massimi importatori, solo l'Australia e gli Emirati Arabi Uniti hanno sottoscritto il trattato.

Nessuna singola nazione può assicurare al mondo la pace. Solo sforzi globali concertati (guidati, per esempio, dall'ONU), assieme a negoziati regionali volti a risolvere conflitti specifici, possono condurre a soluzioni non militari di conflitti e azioni repressive. Tuttavia, sono i governi a essere responsabili di quanto succede a casa loro. Solo i governi nazionali possono garantire i fondamentali diritti umani all'intera popolazione che risiede entro i confini del loro Paese, e solo essi possono eliminare la corruzione e la violenza interne e instillare fiducia a tutti i livelli amministrativi.

Finora, l'economia buddhista non si è quasi pronunciata sul ruolo che le aziende dovrebbero svolgere nell'ambito economico. Secondo l'economia di mercato, le multinazionali devono pensare solo a massimizzare i profitti e opporsi il più possibile a qualunque obiettivo li renda inferiori. Aderendo a questo modello liberista, le grandi aziende di solito ostacolano con forza le politiche che rappresentano i fondamenti dell'economia buddhista, come l'aumento del salario minimo, la tassazione progressiva, severi limiti all'inquinamento, la regolamentazione delle ore di lavoro e congedo per motivi familiari retribuito. Le multinazionali hanno utilizzato i loro introiti per fare manovre lobbistiche volte a ostacolare queste politiche di tutela dei lavoratori e incoraggiare invece sovvenzioni e normative che accrescessero il loro potere e i loro profitti. Nel frattempo, le piccole e medie imprese sono andate a rimorchio delle grandi.

Tuttavia, esiste grande differenza tra le strategie aziendali dell'una o l'altra industria riguardo al trattamento dei dipendenti e alle operazioni di produzione e vendita. Molte hanno sottoscritto la «responsabilità sociale d'impresa» o le «iniziative verdi», con cui si sono impegnate a migliorare l'impatto dei loro prodotti sull'ambiente e anche i loro profitti. Alcune di queste iniziative hanno avuto un effetto positivo, mentre altre sono state portate avanti con spirito cinico, a scopo di marketing. Il termine spregiativo *greenwash* [cosmesi ecologica truffaldina, *N.d.T.*] indica le strategie di quelle grandi aziende che si vantano di realizzare i loro prodotti nel pieno rispetto della natura, ma che in realtà contribuiscono all'inquinamento ambientale in maniera massiccia. Bisogna cercare col lanternino le industrie che trattano bene tutti gli «azionisti»: lavoratori, società, ambiente. Ne esistono però alcune, come l'americana Working Assets (oggi Credo, attiva nella telefonia mobile), fondata nel 1985, che offriva carte di credito e servizi telefonici i cui ricavi venivano in parte devoluti a cause sociali. Finora, l'azienda ha donato oltre 80 milioni di dollari a organizzazioni non profit, specie quelle che sostengono i diritti umani e la giustizia ambientale. Un altro esempio è costituito da Interface, una grande industria di moquette e tappeti che faceva un uso intensivo dei derivati del petrolio come il rayon. Nel 1994 l'azienda imboccò una strada completamente diversa, trasformandosi «da saccheggiatrice della Terra in agente della sua ricostruzione». Ridisegnò il processo di produzione e i prodotti, ricorrendo a nuove tecnologie e sistemi che utilizzavano materiali ed energia rinnovabili, e ridusse così le scorie e le emissioni nocive.

Altre società virtuose sono quelle attive nel sociale: piccole imprese con la missione di risolvere un grosso problema o contribuire alla realizzazione di un obiettivo sociale. Sono aziende tanto a scopo di lucro quanto non profit, e operano perlopiù nelle regioni in via di sviluppo per offrire alla popolazione posti di lavoro e servizi, spesso attraverso l'utilizzo di nuove tecnologie o procedure innovative. Ho lavorato con laureandi della Berkeley che hanno messo a punto e applicato nuove tecniche per migliorare il tenore di vita di regioni povere, soprattutto dell'Africa e dell'India. Ogni grande facoltà di economia ha un programma di imprenditoria sociale e voi, come individui, potete sostenere questo genere di iniziative cercandole a livello locale oppure online.

Le grandi industrie hanno senza dubbio un ruolo da svolgere nella creazione di un mondo equo e sostenibile. I prossimi due passi riguardano proprio il loro potenziale contributo al passaggio a un'economia buddhista. Il punto 5 concerne il modo in cui le grandi aziende od organizzazioni possono diventare più eque e sostenibili sia al loro interno (lungo la catena di distribuzione) sia all'esterno (con prodotti e servizi). Il secondo punto riguarda l'altro modo in cui le medesime imprese possono contribuire a creare un'economia buddhista: pagare ai dipendenti salari minimi dignitosi e ridurre le ore di lavoro, in maniera che i lavoratori abbiano il tempo di vivere una vita ricca di significato.

## 5. Produzione e prodotti verdi

Le grandi aziende di tutto il mondo possono cambiare i loro processi di produzione in maniera da ridurre l'effetto sull'ambiente e l'impronta del carbonio. Se le industrie investissero in una ristrutturazione volta a ridurre le emissioni di $CO_2$, farebbero diminuire parecchio i gas serra, mantenendo nel contempo i profitti. Da uno studio della Harvard Business School è risultato che, negli anni compresi tra il 1993 e il 2009, novanta aziende ad alta sostenibilità hanno superato, in borsa, il rendimento di industrie a bassa sostenibilità. Tuttavia, nel complesso, le industrie sono state lente ad adottare procedure di sostenibilità.
Le aziende che rischiano maggiormente di perdere utile netto a mano a mano che le riserve di combustibile fossile si svalutano, sono proprio quelle del petrolio e del carbone, nonché le industrie automobilistiche, l'agricoltura industriale e altri settori che utilizzano in larga misura l'energia da combustibili fossili. Poiché hanno solo da guadagnarci, queste imprese sono le prime che andrebbero esortate a rivedere i loro processi di produzione in maniera da eliminare le emissioni di $CO_2$.
Dati i cambiamenti climatici in corso, la gestione del rischio è diventata un problema sempre più grande per tutte le industrie, le quali sono costrette a calcolare quali effetti avranno nel corso degli anni fattori come

il clima, i prezzi dell'energia e la riduzione dell'inquinamento da $CO_2$ sui loro profitti. Quando decideranno di integrare la sostenibilità ambientae con le loro operazioni e i loro prodotti, però, le aziende non faranno fatica a trovare informazioni e strumenti che le aiutino a gestire meglio l'energia e l'utilizzo dell'acqua.

Le compagnie assicurative che forniscono copertura alle grandi imprese fronteggiano enormi rischi. Mark Carney, governatore della Bank of England, ha messo in guardia il settore assicurativo, osservando che i cambiamenti climatici influiscono sulla stabilità finanziaria in vari modi: attraverso «rischi fisici, come le denunce di sinistro per alluvioni e tempeste; rischi legati alla responsabilità civile, che si presentano quando chi ha subito perdite a causa di cambiamenti climatici chiede un risarcimento ai presunti responsabili; rischi legati alla transizione, che insorgono quando vi è una rivalutazione degli asset (giacimenti di combustibili fossili) causata dall'adattamento a un'economia a minor emissione di $CO_2$».

Da un altro studio effettuato alla London School of Economics risulta che, in caso non venissero presi provvedimenti per limitare le emissioni di gas serra, i cambiamenti climatici farebbero diminuire di 2500 miliardi di dollari il valore degli *asset* finanziari globali entro la fine del secolo, ma nel peggiore scenario immaginabile, le perdite salirebbero a ben 24.000 miliardi di dollari, cioè il 17% degli *asset* finanziari del mondo. Se si riducessero le emissioni in maniera da mantenere il surriscaldamento sotto i due gradi stabiliti dal COP21, le perdite sarebbero inferiori di un terzo o della metà.

Nel settore assicurativo sono in molti a capire che le compagnie rischiano di perdere miliardi. Le grandi assicurazioni stanno esortando le aziende clienti e i governi a ideare e attuare subito un piano d'azione per passare a un mondo resiliente e privo di emissioni nocive. Il settore privato ha risposto positivamente. La società non profit CDP (Carbon Disclosure Project), con sede in Gran Bretagna, raccoglie e pubblica i dati sia sull'impatto che hanno sull'ambiente le multinazionali, sia sul nesso tra la redditività e le pratiche di management volte ad attenuare i cambiamenti climatici. In società con il Climate Group, il CDP ha varato un'iniziativa internazionale, il RE100, cui hanno aderito oltre cinquanta importanti aziende di Europa, Stati Uniti, Cina e India, le quali si sono impegnate a utilizzare energia al 100% rinnovabile entro una data specifica. La Casa Bianca è riuscita a indurre oltre ottanta multinazionali a firmare un documento con cui esse si dichiarano pronte ad affrontare i cambiamenti climatici e a rispettare l'accordo COP21 di Parigi, in base al quale dovranno descrivere le misure che adotteranno e stabilire traguardi e obiettivi.

Sono innumerevoli le fonti cui possono attingere le aziende che vogliono ispirarsi ai principi dell'economia buddhista. Un leader in questo campo è, da tempo, l'economista ungherese László Zsolnai. Attraverso i suoi libri si può apprendere in che modo le aziende, di comune accordo con gli azionisti, possano adottare strategie intelligenti e sostenibili, che rispettino i vincoli ecologici e sociali. Un'altra eccellente miniera di consigli per un management aziendale olistico sono i saggi dell'economista americano Chris Laszlo, che spiega in maniera molto efficace come le imprese possano usare i progressi in *sustainable design* (progettazione sostenibile) per ottenere la miglior performance sociale e ambientale.

La Responsabilità sociale d'impresa (CSR in inglese, RSI in italiano) è un complemento del modello di business classico in uso ormai da cinquant'anni, ed è una strategia che le aziende hanno utilizzato in passato per risolvere problemi sociali migliorando la loro influenza sui dipendenti, i clienti, gli azionisti, la società e il mondo. L'RSI fornisce un lungo elenco di politiche che le multinazionali possono adottare per comportarsi in maniera più responsabile. Un'ampia gamma di studi sull'influenza della responsabilità sociale d'impresa sui profitti e la reputazione delle aziende ha dato, nella migliore delle ipotesi, risultati misti.
Oggi che si dà la precedenza assoluta a fermare il riscaldamento globale e ricostruire gli ecosistemi minacciati, però, l'RSI non fornisce gli strumenti necessari alle aziende del ventunesimo secolo per gestire il rischio nel passaggio a un mondo affrancato dalle emissioni di gas serra. Una strategia più realistica, ma impegnativa, sarebbe la «produzione circolare», che simultaneamente riduce gli sprechi, usa le rinnovabili e sostiene l'ambiente. L'idea è che l'intera produzione industriale utilizzi le rinnovabili e che tutti i consumi siano riciclati per essere riutilizzati nel sistema. Le imprese produttrici riprogettano i prodotti in maniera che non inquinino e siano compatibili con l'ambiente, ed essi finiscono per diventare parte del ciclo naturale di rigenerazione ambientale.
Benché gli analisti e gli attivisti abbiano suggerito molte strategie con cui le industrie potrebbero rendersi socialmente responsabili e operare in maniera sostenibile, pochissime le hanno adottate. Siccome non sono costrette, finché non vengono citate in giudizio, a pagare direttamente il costo del degrado ambientale, e sicco-

me i governi sono lenti perfino a regolamentare l'uso dissennato dell'energia, le imprese si sentono tuttora libere di puntare solo a un alto profitto senza curarsi dei danni all'ambiente. Le multinazionali hanno bisogno della guida rappresentata dalle tasse e dalle leggi del governo per imboccare la strada dell'etica e della sostenibilità.

Quando diventerà più evidente la redditività netta dell'inclusione dei fattori ESG (*environmental, social, governance*), i fattori ambientali, sociali e di governance nelle scelte di investimento, anche il settore privato svolgerà un ruolo maggiore. Insieme con oltre duecento società dei settori bancario, assicurativo e di investimento, l'Environment Programme Finance Initiative dell'ONU ha analizzato la relazione tra i fattori ESG e la performance finanziaria per cercare di promuovere i sei principi dell'investimento responsabile. Un esempio di questo impegno è dato da un consorzio di investimento i cui investitori a lungo termine si sono posti l'obiettivo di identificare aziende e progetti consci dei fattori ESG e di investire in essi.

Bisogna siano anche gli stessi clienti e la stessa società a spingere le industrie a smettere di inquinare l'ambiente e a utilizzare l'energia pulita. Uno dei modi per esercitare pressioni sulle imprese che fanno affidamento sui combustibili fossili è disinvestire. L'attuale movimento per il disinvestimento dai combustibili fossili è iniziato sui campus universitari e si è diffuso negli Stati Uniti e in Europa anche a livello di parrocchie e organizzazioni civiche. I grandi investitori istituzionali che gestiscono ingenti fondi pensione e fondi di investimento possono, attraverso il disinvestimento, svolgere un ruolo notevole nell'indurre le industrie del settore a lasciare i combustibili fossili nel sottosuolo e passare alle rinnovabili. Purtroppo, però, molte delle società o istituzioni che hanno disinvestito dal petrolio e dal carbone hanno abboccato all'esca dell'industria del gas naturale e finito per credere alla favola da essa narrata, ossia che il gas naturale sarebbe un'energia pulita e rappresenterebbe il necessario ponte tra il carbone (o il petrolio) e le rinnovabili. L'Università della California, dove insegno, e la Stanford hanno disinvestito sia dall'industria del carbone sia da quella delle sabbie bituminose, ma non da altri settori collegati ai combustibili fossili. Hanno fatto un primo passo utile, ma non sufficiente.

Attraverso la regolamentazione, la carbon tax e l'azione pubblica, si possono indurre le multinazionali del petrolio, del carbone e del gas a diventare aziende dell'energia pulita e a lasciare le fonti fossili nel sottosuolo.



## 6. Salari decenti e una vita dalla dimensione umana

Per poter arrivare a una vita sostenibile e ricca di significato per tutti, occorre parlare del lavoro. Tutti hanno bisogno di un posto di lavoro che non distrugga la loro umanità, garantisca un salario sufficiente a condurre una vita dignitosa e confortevole, e lasci abbastanza tempo per la famiglia e le relazioni sociali. I lavori malpagati, che sfiancano il lavoratore e pretendono da lui ore e ore di straordinario, non sono compatibili con la felicità. Per raggiungere gli obiettivi di cui sopra, bisogna che il governo attui una politica volta a garantire salari

minimi decenti, nonché lavoro straordinario e congedo per motivi familiari retribuiti.
Chiarisco subito che l'economia del lavoro è il mio campo, e ho dedicato molti anni allo studio e all'insegnamento del mercato del lavoro. Tra le materie che ho analizzato vi sono occupazione, retribuzione, benefit, discriminazione, disoccupazione e tenore di vita.
Secondo l'ottica buddhista, le aziende potrebbero fare grandi progressi con queste tre strategie:

- Ridurre i compensi stratosferici degli amministratori delegati e di altri alti dirigenti.
- Aumentare lo stipendio dei lavoratori, in maniera che tutti possano vivere dignitosamente.
- Ridurre l'orario di lavoro di tutti i dipendenti, non solo di quelli che percepiscono lo straordinario.

Abbiamo già citato la ricerca da cui risulta che, nelle grandi imprese, i compensi dei CEO non sono correlati né al loro valore aggiunto né alla performance aziendale. Quel che è peggio, il divario tra i compensi dei top manager e quelli degli altri percettori di reddito rispecchia il potere del grande capitale. Da quando, negli ultimi quarant'anni, il potere contrattuale della classe lavoratrice è diminuito enormemente, il gap salariale tra i ricchi manager e tutti gli altri dipendenti è cresciuto fino a produrre una diseguaglianza epocale.
Per risollevare il morale dei lavoratori e incoraggiare l'equità, le aziende dovrebbero ristrutturare il piano retributivo, trasferendo i compensi ricevuti dallo 0,1% della fascia dirigenziale al 40% della fascia più bassa, e colmare l'enorme gap salariale riportandolo a un livello

ragionevole. Quando, nel 2014, uscì un'indagine del MIT, tutti si stupirono di apprendere che le aziende attente alla dimensione umana, che offrivano posti di lavoro gratificanti e ben remunerati e concedevano un certo potere contrattuale ai dipendenti, avevano una performance superiore.

Abbiamo già menzionato altre politiche a favore di un salario minimo dignitoso, come incrementare il potere contrattuale dei lavoratori, aumentare il salario minimo e proibire le importazioni di prodotti fabbricati in condizioni disumane, per esempio con il lavoro minorile, il cottimo pagato niente, un orario di lavoro estenuante o la mancanza di norme di sicurezza.

Come abbiamo già constatato analizzando aziende nordeuropee, francesi e tedesche, più tempo libero retribuito e più flessibilità nei congedi familiari sono compatibili con la redditività. Ma anche questi Paesi avanzati possono fare di più, accorciando la settimana lavorativa oltre a garantire quelle ferie e quei permessi retribuiti che gli Stati Uniti hanno solo in minima parte o non hanno del tutto. I dipendenti che lavorano troppo manifestano a un certo punto il cosiddetto *burn out*, l'esaurimento da lavoro, e accusano problemi di salute. Lavorare troppo, con pochissime vacanze, come avviene non solo negli Stati Uniti, ma anche in Giappone, non dovrebbe essere lo standard della vita professionale.

L'economia buddhista esorta le nazioni e le aziende private a creare finalmente un'economia sostenibile dove la prosperità sia condivisa. Le imprese possono incoraggiare il nuovo assetto economico trovando guida e sostegno alle loro iniziative nelle organizzazioni e nei testi specializzati elencati in questo libro. È ora che

le industrie si uniscano ai governi e ai popoli nella decisione di fermare la distruzione degli ecosistemi e di offrire a tutti una buona qualità della vita.
Anche noi possiamo adottare i principi dell'economia buddhista a livello personale. Qui di seguito illustro i due passi che i singoli individui possono compiere prima nella loro vita, poi di concerto con gli altri.

## 7. Vivere con consapevolezza, amore, compassione e saggezza

Tutti noi possiamo contribuire a rendere la vita di ciascun individuo e della società intera felice e ricca di significato. Le linee guida sono:

- vivere con consapevolezza, amore e compassione;
- prendersi cura degli altri e alleviare la sofferenza;
- godersi la Terra e infonderle di nuovo linfa vitale.

Queste linee guida saranno forse semplici, ma seguirle nella vita quotidiana non è facile. Siamo circondati da una cultura materialistica che ci spinge a comprare questo o quel prodotto. Le necessità imposte dalla cultura del denaro e dai ruoli sociali ci obbligano a dedicare un tempo infinito a innumerevoli cose che ci lasciano insoddisfatti. Ci sentiamo per gran parte del tempo sopraffatti, frustrati e inadeguati alle esigenze della vita.
L'economia buddhista dice: basta.
Basta. Sedetevi e cercate di godervi la meraviglia del momento. Concentratevi sul respiro e sulle cose belle

della vita: la gita che avete fatto con la famiglia o gli amici il weekend scorso, i gustosi piatti che avete mangiato oggi, il magnifico albero che vedete dalla finestra, l'amico malato che avete aiutato, la beneficenza che avete fatto e continuate a fare. Siate grati alle persone che vi arricchiscono la vita e alla Terra che vi permette di vivere. Abbandonate il sé, che definisce la realtà in base alle proiezioni mentali e gestisce la vita quotidiana in base alle abitudini mentali. Ascoltate, nell'intimo, la vostra natura buddhista di amore e compassione.

Sedere quieti e assaporare il momento è un modo importante di cominciare a condurre una vita saggia e ricca di significato.

La Dichiarazione buddhista sui cambiamenti climatici ci ricorda: «Sia come individui, sia come specie, soffriamo di un senso del sé che si sente scollegato non solo dalle altre persone, ma anche dalla Terra stessa. Come ha detto Thích Nhất Hạnh, 'noi siamo qui per risvegliarci dall'illusione della nostra separatezza'. Abbiamo bisogno di svegliarci e capire che la Terra è la nostra madre e anche la nostra casa, e in questo caso il cordone ombelicale che ci lega a essa non può essere reciso. Quando la Terra si ammala, ci ammaliamo anche noi, perché siamo parte di essa». Ricordiamoci che c'è interdipendenza tra gli esseri umani. Non confondiamo il fatto di essere iperconnessi sui social media con il fatto di essere interconnessi nella dimensione spirituale umana. Deponete l'iPhone. Cercate di stabilire un contatto con le persone che vi circondano: familiari, amici, estranei. Quando vi sentite infelici a causa di tutti gli impegni stressanti della vostra vita, aiutate qualcuno che conoscete. Riflettete su quello che è importante per voi,

quello che vi sta davvero a cuore, quello che rende la vita ricca di significato, e lasciate che il resto scompaia dall'elenco delle priorità.
Invece di andare a fare shopping, passate più tempo con la famiglia o dando un aiuto agli amici. Quando fate spese, prima di comprare un altro gadget o un altro paio di scarpe, chiedetevi: ne ho davvero bisogno?
Vivete semplicemente, in maniera da avere più tempo per le attività che vi danno gioia: stare con gli amici, giocare con i figli, scrivere un diario, fare attività artistiche, lavorare in giardino, cucinare quello che avete comprato al mercato a chilometro zero. Godersi la vita non significa chiedersi come spendere i soldi, ma come passare bene il tempo.
Molti, per avere una vita ricca di significato, avrebbero bisogno di lavorare un numero inferiore di ore e trovare un equilibrio tra attività lavorativa e attività e obblighi familiari. Per raggiungere questo obiettivo, bisogna riflettere sul da farsi e discuterne sia in ufficio sia a casa. Pensate più al benessere che al reddito. Cercate di capire quanto controllo avete delle vostre ore di lavoro e fino a che punto il tempo dedicato al lavoro è dovuto alla necessità o allo stacanovismo. Se dedicheremo meno ore al lavoro, ne avremo di più per prenderci cura degli altri, aiutare la comunità, fare giardinaggio, cucina, pittura o altre cose piacevoli, nonché intrattenerci con gli amici e goderci la vita.
Facciamo tutti parte di questo pianeta, eppure le attività umane lo stanno danneggiando irreparabilmente. Una componente essenziale del vivere con coscienza in armonia con la natura è imparare in qual modo le nostre attività nuocciano agli ecosistemi e al prossimo. Magari abbiamo già calcolato le nostre impronte eco-

logiche e del carbonio, e magari stiamo già correggendo le nostre pratiche quotidiane in maniera da rendere la Terra sostenibile, ma spesso siamo lenti nel ridurre l'impronta del carbonio, e ci giustifichiamo dicendo che siamo persone di buona volontà, pronte ad aiutare gli altri con il lavoro e altre attività. Il tempo per noi è prezioso e siamo già oberati di impegni.

Anch'io avevo questa impostazione mentale finché, nel 2006, non vidi il documentario *An inconvenient truth* (Una verità scomoda). Calcolai la mia impronta del carbonio online e mi compiacqui con me stessa, dando alle domande delle risposte «verdi». All'improvviso, però, mi interruppi contando i miei viaggi aerei. Siccome avevo viaggiato per tutti gli Stati Uniti e il Giappone per studiare l'industria dei semiconduttori, i viaggi aerei avevano reso la mia impronta del carbonio gigantesca, di proporzioni imbarazzanti. Ne discussi con la mia équipe di ricercatori per cercare di capire come usare meno l'aereo per effettuare il lavoro sul campo, e cominciammo a fare alcune interviste con Skype anziché di persona. Oggi volo il meno possibile e uso Internet e il cellulare tanto per le riunioni di lavoro quanto per restare in contatto con familiari e amici lontani.

Ecco alcuni dei metodi con cui la mia famiglia ha ridotto le sue emissioni di $CO_2$. Usiamo meno la macchina, noleggiando una piccola auto elettrica e guidando la nostra vecchia Prius solo per i viaggi lunghi. Ricicliamo tutta la carta, la plastica e le lattine. Pratichiamo il compostaggio e la vermicoltura, e nell'orto utilizziamo solo pesticidi naturali (sapone insetticida e olio di Neem). Il nostro bidone dell'immondizia interrato non contiene quasi niente. In mare indosso una muta anziché mettere la crema solare contenente l'ossibenzone che uccide il corallo. Abbiamo sostituito al nostro piccolo prato delle piante del luogo. Mio marito ha ormai coibentato tutta la casa per risparmiare energia.

Quando fa freddo, ci mettiamo qualche maglia in più o prendiamo una copertina, perché abbiamo imparato a tenere il termostato su una temperatura non troppo elevata. Quando fa caldo, prima di accendere l'aria condizionata creiamo corrente aprendo le finestre o usando un piccolo ventilatore. Se andiamo in giro in auto in città, apriamo i finestrini, accendendo l'aria condizionata meno che possiamo e tenendola al massimo a ventidue gradi. Quando torniamo a casa dopo essere stati in ufficio o da amici, indossiamo abiti «da casa» per fare meno bucati e lavaggi a secco. Raccogliamo acqua «grigia» dalla doccia e dall'acquaio di cucina e la usiamo per innaffiare le piante nei vasi in cortile. Facciamo andare di rado la lavastoviglie. Incartiamo i regali con pagine di fumetti, calendari o qualunque altro tipo di carta abbiamo tenuto da conto.

Nella vita quotidiana, l'economia buddhista mi induce a essere vigile sia nel mangiare sia nel reagire agli eventi esterni, ovvero a tradurre il detto «Lasciate andare le vacche!» letteralmente con «Non mangiate manzo» (o agnello) e metaforicamente con «Rilassatevi».

Non mangiare né manzo né agnello rappresenta un grosso progresso sulla strada della sostenibilità. L'impronta idrica e l'impronta del carbonio del manzo e dell'agnello sono assai più grandi di quelle di altri animali (si veda il capitolo 4). La mia famiglia e io mangiamo altri prodotti animali con molta moderazione (o ne facciamo del tutto a meno). Inoltre, consumiamo fino in fon-

do tutti gli alimenti, dando gli scarti ai vermi e comprando al locale mercato a chilometro zero.
Mentre la mia giornata trascorre, spesso faccio una pausa e ripeto la preghiera: «Possiamo noi sanare Madre Terra come saniamo noi stessi». Questa preghiera mi mette in contatto con me stessa e con quanto mi circonda, giacché mi ricorda di sostenere l'ambiente e ridurre, ovunque possa, la sofferenza.
Potrete aggiungere altre cose alla lista, a mano a mano che passerete dal vivere concentrandovi solo su voi stessi al vivere pensando agli altri e alla Terra. L'essenziale è non nuocere al pianeta, ridurre la sofferenza in tutto il mondo e nel contempo godersi la vita in maniera sostenibile.

## 8. Collaborare tutti a nuove iniziative

«Il risanamento del nostro corpo e della nostra anima», insegna Thích Nhất Hạnh, «deve procedere di pari passo con il risanamento della Terra. Insieme, possiamo produrre un'autentica trasformazione di noi stessi e del mondo... O sopravvivremo e prospereremo insieme con la nostra Madre Terra o non sopravvivremo affatto».
Sappiamo che una persona, da sola, non può fare molto, ma sappiamo anche che, insieme, possiamo fare molto. Le manifestazioni che ci sono state in tutto il mondo prima della conferenza di Parigi sul clima, nel 2015, hanno contribuito a indurre i governi delle varie nazioni a firmare l'accordo per mantenere il riscaldamento globale sotto i due gradi. Dopo Parigi, gli eco-atti-

visti sono tornati in patria per concentrarsi soprattutto su temi locali, come chiudere le centrali a carbone, fermare nuove prospezioni e perforazioni esplorative per l'estrazione di combustibili fossili nelle aree di proprietà dello Stato, fermare il *fracking* per l'estrazione del gas naturale negli Stati Uniti, porre fine alle prospezioni geofisiche nelle foreste pluviali del Brasile e sospendere la coltivazione a cielo aperto in Germania.

Uno dei miei eroi è Bill McKibben, fondatore dell'organizzazione per il clima 350.org. McKibben dice che, quando si sente scoraggiato perché l'uomo sta rendendo impossibile vivere una vita decente sulla Terra, esce di casa, si mette in contatto con altre persone e cerca di produrre con loro un cambiamento positivo. Le manifestazioni e le campagne di sensibilizzazione sono molto importanti. Dopo un'incessante campagna popolare, durata molti mesi, contro l'ampliamento dell'oleodotto Keystone, il presidente Obama bocciò il progetto per i potenziali danni al clima [Donald Trump, nel gennaio del 2017, lo ha rimesso in agenda, *N.d.T.*].

Le battaglie per un equo trattamento dell'ambiente a volte sono strettamente locali, altre sono più ampie, a carattere nazionale, altre ancora sono internazionali e fanno capo a organizzazioni come Greenpeace o Friends of the Earth. Negli Stati Uniti e in Canada, gruppi come 350.org, l'Environmental Defense Fund, il Nature Conservancy e il Sierra Club usano i social media per organizzare campagne a livello sia locale sia statale. Il Climate Action Network (CAN) è un consorzio che coordina quasi mille di queste associazioni per la tutela ambientale quando ci sono avvenimenti di respiro internazionale, come le manifestazioni «Break Free» che, nel maggio del 2016,

si sono tenute in tutto il mondo per chiedere la sospensione delle perforazioni e degli scavi per l'estrazione di combustibili fossili e l'accelerazione del passaggio al 100% di fonti rinnovabili. Se non altro, il grave problema dei cambiamenti climatici ha avuto il risultato positivo di produrre, a livello internazionale, una risposta collettiva più improntata al senso civico: i cittadini hanno cominciato ad assumere un ruolo anche pratico, agendo in concreto, aumentando la propria partecipazione e dando sostegno finanziario alle organizzazioni ambientaliste e alle cause anti-inquinamento.
Nel momento in cui uniremo le forze per combattere i cambiamenti climatici, dovremo essere preparati alla reazione violenta dei potenti giganti dell'energia e delle organizzazioni e degli uomini politici da essi finanziati. Le grandi industrie dei combustibili fossili daranno battaglia per bloccare normative volte a ridurre l'utilizzo di petrolio, carbone e gas. Vediamo già che spendono milioni di dollari per contrastare la richiesta di ridurre le emissioni di gas serra, e che diffondono informazioni false e fuorvianti per confondere la gente (e gli elettori) riguardo all'argomento dei cambiamenti climatici e dei loro effetti. Le multinazionali dei combustibili fossili avrebbero le risorse per ristrutturarsi e trasformarsi in aziende attive nel settore delle rinnovabili, ma hanno deciso di usare le loro risorse per combattere chi dice «lasciateli nel sottosuolo» e investire solo cifre minime nelle rinnovabili. Negano che stanno provocando il riscaldamento globale e i cambiamenti climatici. Purtroppo, l'industria dei combustibili fossili è riuscita anche a convincere molte persone del fatto che i cambiamenti climatici sono una montatura o non sono scientificamente dimostrati.

Fin dagli anni Settanta, gli scienziati della Exxon avevano le prove da cui risultava che i combustibili fossili avrebbero riscaldato l'atmosfera fino a livelli pericolosi. Nei decenni seguenti, la Exxon nascose gli esiti di quelle ricerche, poi si unì alle altre compagnie petrolifere e alle fondazioni da queste finanziate per negare che si stesse verificando un riscaldamento globale e per sollevare dubbi sulla ricerca climatologica. L'industria dei combustibili fossili ha seguito la strada imboccata dall'industria del tabacco, che è sempre stata molto abile a nascondere e poi negare i dati raccolti dai suoi stessi ricercatori, secondo i quali il tabacco era letale per l'uomo. Lo scandalo che è scoppiato (si veda #ExxonKnew) in seguito all'occultamento dei risultati ha indotto gli Stati di New York e del Massachusetts ad aprire un'inchiesta per verificare se la Exxon non abbia violato la legge tenendo nascosta la ricerca sui cambiamento climatici e danneggiando così i suoi azionisti.

Oltre ad affrontare il problema dei cambiamenti climatici, vorremmo contribuire a rendere le nostre comunità luoghi in cui si vive in maniera sostenibile e solidale. A livello locale, succedono molte cose che meritano tutto il nostro sostegno. Le amministrazioni delle città stanno migliorando i mezzi di trasporto pubblici e ristrutturando varie aree per trasformare le piste ciclabili e le zone pedonali in piacevoli alternative all'auto. Molti comuni urbani gestiscono i rifiuti in maniera che, nelle aree ad alta densità, la gente possa praticare quotidianamente il riciclaggio e il compostaggio. Le amministrazioni comunali stanno anche aiutando le aziende e i residenti a migliorare l'efficienza energetica degli edifici. Dappertutto, sui tetti, fioriscono giardini pensili.

Con amici, vicini e organizzazioni potete collaborare in tanti modi a ridurre la sofferenza del vostro prossimo, specie degli anziani e dei bambini. Un settore in cui il volontariato è di cruciale importanza è quello dei servizi di assistenza agli anziani, sia quelli che vivono a casa sia quelli che si sono trasferiti in istituti dove sono assistiti da personale specializzato. Sappiamo che, quando si ha bisogno di aiuto, è essenziale disporre di strutture di sostegno per sopravvivere. I volontari aiutano gli anziani a fare la spesa al supermercato, andare dal dottore o controllare la posta, ma dà sollievo a chi è solo anche prendere con lui una tazza di tè o fargli un saluto per telefono. Un altro settore dove è cruciale il volontariato è quello della scuola: sono di grande aiuto i volontari che, nel doposcuola, danno lezioni agli studenti con difficoltà di apprendimento, fanno i vice allenatori nelle squadre sportive o assistono gli insegnanti nei primi anni di scuola. I volontari spesso instaurano con gli anziani o con i ragazzi un rapporto che arricchisce gli uni e gli altri. Quando cambieremo il nostro stile di vita e le nostre aspettative orientandoci verso un'ottica buddhista, matureranno nuove abitudini e nuovi valori. Insieme, possiamo porre fine al sistema con cui la grande industria e la grande finanza gestiscono l'economia, al sistema con cui l'élite si arricchisce e usa poi i soldi per manipolare il mondo. Quando le cose cambieranno, il governo riassumerà il suo ruolo, diventando il garante di un'economia equa e giusta, che funzioni per tutti. Se ci concentreremo sulla qualità della vita anziché sul reddito, miglioreremo il benessere nazionale collaborando tutti a ridurre le ore lavorative e la disoccupazione, risanare il capitale naturale e il capitale sociale, migliorare

la distribuzione delle risorse e lasciare a ciascuno più tempo per godersi la vita e prendersi cura degli altri.
Per adottare e realizzare un'economia buddhista occorre coraggio: il coraggio di cambiare, di difendere l'ambiente, di promuovere la giustizia e di vivere con gioia. A livello personale, ci vuole coraggio per rinunciare alla smania competitiva che induce a sfiancarsi di lavoro per fare più soldi; ci vuole coraggio per vivere con coscienza e spirito di solidarietà verso gli altri, e per godersi la vita al di fuori del meccanismo ossessivo del lavoro a oltranza. A livello nazionale, ci vuole coraggio per chiedere al governo di fornire le infrastrutture necessarie a un'economia che tuteli l'ambiente riducendo le emissioni di $CO_2$, e definisca la crescita economica in base alla qualità della vita anziché all'aumento del reddito. Occorrono anche la volontà politica e la forza morale per agire nell'interesse di tutte le specie e delle future generazioni.
Nell'economia buddhista non esiste la parola «fine», perché si tratta di un impegno e un processo che durano tutta la vita. Posso solo augurarmi che continueremo il viaggio insieme.

*Come animali sociali, abbiamo bisogno di amore e compassione.*
*Sono queste le migliori qualità umane,*
*quelle con cui possiamo prenderci cura della società.*

Dalai Lama, 2015

# RINGRAZIAMENTI

Ringrazio gli amici e i conoscenti le cui idee e il cui sostegno mi hanno aiutato, negli ultimi cinque anni, a dare forma a questo libro.

Nel 2012 Christina Maslach, docente di psicologia all'Università della California di Berkeley, sentendomi parlare di economia buddhista durante un pranzo mi suggerì di tenere un seminario sull'argomento agli studenti del secondo anno di università. Nella primavera del 2013, iniziai il seminario sotto gli auspici del Sophomore Seminar Program dell'Università della California a Berkeley, che era stato creato dalla Maslach quando era vicerettore. Sono particolarmente grata agli studenti e ai laureandi che, nel corso degli anni, con la loro creatività e le loro attente analisi mi hanno aiutato ad ampliare gli orizzonti. Ho imparato tante cose dalle discussioni e dai seminari tenuti con i miei colleghi di facoltà a Berkeley e altrove. Penso soprattutto ad Alice Agogino, George Akerlof, Bob Anderson, David Anthoff, Max Auffhammer, Pranab Bardhan, Eric Brewer, Jenna Burrell, David Card, Karen Chapple, Jack Colford, Stefano Dellavigna, Troy Duster, Barry Eichengreen, Marion Foucade, Gillian Hart, Arlie Hochschild, Dave Hodges, Herma Hill Kay, Dan Kammen, Dacher Keltner, George Lakoff, David Levine, Jim Lincoln, Joseph Lough, Mary Ann Mason, David Matza, Sanjyot Mehendale, Dick Norgaard, Tappan Parikh, Jeff Perloff, Matthew Potts, Steve Raphael, Isha Ray, Michael Reich, Lee Riley, Steve Roach, Emmanuel Saez, Robert Sharf, Jesse Rothstein, AnnaLee Saxenian,

Margaret Taylor, Laura Tyson, David Vogel, Kim Voss, Janet Yellen, Shelly Zedeck, Gabriel Zucman, e al mio mentore, il compianto Lloyd Ulman.

Ringrazio i cari amici Sanford Jacoby, Betsy Partridge, Pauline Sortor, Myra Strober e Alison Taylor, che hanno letto le prime stesure del saggio, facendo preziose osservazioni. Alla fine, quando, rileggendo, non riuscivo più ad avere una visione chiara delle cose, è venuto in mio soccorso Daniel Matza-Brown con la sua acuta, attenta lettura.

Ringrazio sentitamente l'Institute for Research on Labor and Employment (IRLE) dell'Università della California di Berkeley, che ha dato sostegno economico e amministrativo alla mia ricerca sulla valutazione della performance economica. Per molti anni, fin da quando si chiamava IIR (Institute for Industrial Relations), l'IRLE è stato la mia seconda casa. Le tante discussioni con Ken Jacobs, Katie Quan, Carol Zabin e molti altri mi hanno stimolato intellettualmente. Andrew Chong, Eli Lazarus e Maria Oldiges sono stati eccellenti assistenti alla ricerca e hanno dato anche un proprio contributo originale.

I miei studi sull'economia buddhista hanno compiuto progressi quando persone assai importanti hanno cominciato a interessarsi all'argomento e a passare parola. L'intelligente articolo di Kathleen Maclay sul mio corso, uscito sul «Berkeley News», mi ha consentito di mettermi in contatto con studiosi di tutto il mondo. Le animate conversazioni con vecchi e nuovi colleghi hanno contribuito a dare forma al saggio. Sono particolarmente grata, in questo senso, a Rosemary Batt, Joanne e Kurt Bayer, Gunseli Berik, Sam Bowles, Tania

Burchardt, Wendy Carlin, Dav Clark, Diana Coyle, Peter Coyote, Peter Daniels, Bill Easterly, Joe Engelberg, Robert Frank, Daniel Goleman, Ian Gough, Ursula Huws, Mary Rose Kaczorowski, Kathy Ketchum, Nicola Lacey, Julia Lane, Jeff Madrick, Julie Matthaei, Bill McKibben, Dan Nixon, Phil Oreopoulis, Yong Paik, Achuthan Palat, Eleni Pallas, Thinlay Penjore, Thomas Piketty, Natalie Popovich, Andrew Ross, Gale Ryan, Paul Ryan, Jeffrey Sachs, Sonia Sachs, Amartya Sen, David Soskice, Kirsten Spalding e Joe Stiglitz, Tim Sturgeon e László Zsolnai. Molte persone sono state così gentili da spiegarmi il lavoro compiuto dalle loro organizzazioni; penso in particolare a Glenn Everett dell'ONS National Well-being Programme, Pablo Freund, che mi ha illustrato la valutazione del benessere nazionale effettuata al Buckminster Fuller Institute, Catherine Mann dell'OCSE e Charles Seaford della New Economics Foundation (Gran Bretagna).

Teresa Ghilarducci, direttore dello Schwartz Center for Economic Policy Analysis della New School, ha organizzato per me due stimolanti giorni di «full immersion» nel pensiero di un gruppo di studiosi assai vicini alla visione del mondo dell'economia buddhista: Lopa Banerjee, Raphaele Chappe, Duncan Foley, David Howell, Rick McGahey e Anwar Shaikh.

Harindra B. Dassanayake, dell'Ufficio Presidenziale del Segretariato dello Sri Lanka, mi ha invitato a condurre ricerche sullo sviluppo sostenibile da un'ottica buddhista. Nel febbraio del 2016, durante un memorabile viaggio con mio marito nello Sri Lanka, ho appreso molto dal dialogo con svariate persone, come Harindra, Iraj De Alwis, Karin Fernando, Saman Kelegama, Mohan

Muasinghe, il reverendo Vajiraramaye Nanasiha, Arjuna Seneviratne e il reverendo Wimalarathana.

In India ho avuto una settimana di dialoghi assai stimolanti al Sarnath International Nyingma Institute, dove il direttore Tsering Gellek, in vista della mia visita, aveva chiesto a venti dotti monaci dell'India e del Nepal di analizzare per due settimane il problema del riscaldamento globale con gli insegnanti Andy Francis, Patricia Farland e Todd Shaw. Quando sono arrivata, abbiamo studiato intensivamente climatologia per due giorni, poi abbiamo aperto un dibattito ufficiale sull'interrogativo fondamentale che avevo in testa: «Il *dharma* può aiutarci a risolvere il problema del surriscaldamento?». L'animato, approfondito dibattito, che è andato avanti per quattro ore, è stato illuminante, tant'è che, sebbene ne fossi il giudice, continua a insegnarmi qualcosa anche a posteriori.

Mi sono rimasti particolarmente impressi due dei venerabili monaci presenti: Khenpo Kunsang e Khenpo Dorje.

A Dharamsala, i tibetani Lhakpa Kyizom e Lobsang Tenzin hanno cercato di farci non solo studiare, ma anche divertire. Quando abbiamo visitato l'Amministrazione centrale tibetana (Center for Tibetan Authority o CTA), dove risiede il governo tibetano in esilio, Naga Saugyas ci ha parlato di linguaggio e filosofia e, mostrandoci la sede dell'amministrazione, ha vividamente illustrato il ruolo del CTA. Un grazie a Rohitash Jaikaria per averci fatto visitare i templi induisti e i giardini del tè, e un inchino a Deepak Gupta e Rakesh Gupta per aver saputo rendere l'India speciale anche in mezzo all'inquinamento acustico e atmosferico.

Quando, nell'autunno del 2011, ho fatto trekking in Nepal e dalle parti del sacro monte Kailash, in Tibet, ho trovato intellettualmente e moralmente proficue le lunghe conversazioni con gli amici buddhisti Linnea e Rick Christiani, Janet Ewing, Bob Hoffman e il capo della spedizione, Joe Pilaar.

Ringrazio Anam Thubten Rinpoche per la sua saggezza e la sua dottrina, e i membri del nostro *sangha* per avermi elargito il loro sapere e circondato del loro affetto: Sharon e Jeff Roe, Diane Schneider, Weegi e George Ryan, Ken White, Brooke Deterline, Paul Hawken, Sarah Laitinen, Jacob Archuletta, Tom Petersen, Laura Duggan, Deborah Henderson, Bing Budiarto, Catherine Hollander, Cynthia Barbaccia, Sandra Hansen, Kunzang Roesler e JB Colson. Sono lieta, inoltre, di avere avuto l'opportunità di ospitare il maestro Haebong e Kilung Rinpoche, che hanno discusso animatamente di cambiamenti climatici.

I maestri buddhisti che danno un contributo al risanamento della Terra e alla lotta contro il riscaldamento globale sono particolarmente importanti per me. Voglio ricordare, in particolare, Ayya Santussika e il Buddhist Climate Action Network, James Baraz e Scoop Nisker dello Spirit Rock, e Khyentse Rinpoche. Il Green Earth Sangha rinvigorisce il mio coraggio, e abbraccio di cuore Nan Parks, Sean Munding, Sheila Tarbert e Shine Garg.

La mia capanna di meditazione rappresenta il mio rifugio, e sono grata a Tom Ratcliff, Andrew Butt, Humphrey Ratcliff e Richard Katz per averla progettata e costruita nel 2012.

Il Richmond Art Center è il mio rifugio creativo, dove frequento un folto gruppo di talentuosi, gentili ceramisti e creo sculture di creta ispirandomi al Buddha o alla natura. Le ho esposte nel giardino di casa e sopra lo steccato davanti alla mia capanna.

Ricordo con piacere il mio soggiorno di due settimane al Mesa Refuge, dove ho portato a termine la stesura del saggio mentre contemplavo le bellezze della natura e mi godevo la compagnia simpatica e intellettualmente stimolante di altri scrittori, in particolare Peter Barnes e Susan Tillet, Christian McEwen e Nicole Perlroth.

Collaborare con altri eco-attivisti mi ha dato il coraggio di lottare con tutte le mie forze contro il riscaldamento globale. Sia lodato 350 East Bay, i cui attivisti – in particolare Amy Allen, Kathy Dervin, Jack Fleck, Richard Gray, Ken Jones, Judy Pope e Carla West – sono sempre pronti, con la loro energia e il loro acume politico, ad aiutare chi vuole darsi da fare. Insieme, li «lasceremo nel sottosuolo».

I miei vicini di casa mi rallegrano la vita e la condiscono con un pizzico di umorismo; penso in particolare a Sandra e Bruce Beyaert, Michael Couzens e Adi Givens, Ilza e Don Lewis, Lesli Handmacher, Carol e Roger Craine, Kate Harps e Dale Roberts, Donna Stoneham e Julie Nestingen, Steve Schaffran, Judy Canfield e Karen e Andy Fisher. Anche se sono più lontani, sento forte il sostegno dei miei cari amici Melissa Appleyard, Peter Rappoport e Marcia Marley, e di Diane e Phil Brumder.

I miei figli, Daniel e Jason, mi hanno arricchito la vita e aiutato a trovare la strada verso la *mindfulness*, la gioia e la compassione amorevole. I miei nipoti Max e Timmy e la loro mamma, Maura, mi aiutano a mantenermi in contatto con la mia natura di buddha e mi insegnano una volta di più ad assaporare ogni prezioso attimo. Un grande grazie a mio fratello Norman, mia sorella Eileen, Taylor e Jaja, e ai parenti Katz del Vermont (e non solo) per tutto il loro affetto e il loro meraviglioso modo di vivere la vita.

I lettori vorranno forse unirsi a me nel ringraziare Lisa Adams, della Garamond Agency, e Nancy Miller, la mia editor alla Bloomsbury. In ruoli complementari, entrambe, con l'idea che avevano fin dall'inizio del progetto, hanno reso possibile questo libro e con il loro talento, il loro duro lavoro e la loro pazienza lo hanno reso leggibile. Il team della Bloomsbury, composto da George Gibson, Sara Kitchen, Cristina Gilbert, Marie Coolman e Laura Keefe, è stato magnifico.

Eterna gratitudine devo a mio marito, Richard Katz, che mi è sempre stato al fianco, condividendo il mio viaggio buddhista, incoraggiandomi quando ero scoraggiata e suggerendomi le parole giuste.

A chiunque io abbia involontariamente dimenticato di ringraziare, dico che il suo contributo non è realmente caduto nell'oblio, giacché tutti noi siamo interconnessi.

Grazie, lettori, per avere letto questo libro. Possiamo noi sanare Madre Terra come saniamo noi stessi, a beneficio dell'intera umanità.

## LA COLLANA VALLARDI SAKURA

Kakuho Aoe • *La cucina del monaco buddhista*

Clair Brown • *L'economia buddhista*

Toshimichi Hasegawa • *Manuale di un monaco buddhista per raggiungere l'illuminazione*

Kotarō Hisui • *L'inno buddhista alla vita*

Emiko Katō • *La leggerezza del poco*

Emiko Katō • *L'eleganza dell'anima*

Emiko Katō • *Le regole dell'armonia*

Brian R. Keating – Kim Long • *L'arte della tazza perfetta*

Ryūnosuke Koike • *Felici senza Ferrari*

Ryūnosuke Koike • *Manuale di un monaco buddhista per abbandonare la rabbia*

Marie Kondo • *Il magico potere del riordino*

Marie Kondo • *La magia del riordino*

Marie Kondo • *96 lezioni di felicità*

Dominique Loreau • *L'arte delle liste*

Dominique Loreau • *L'infinitamente poco*

Dominique Loreau • *Vivere in piccolo*

Keisuke Matsumoto • *Manuale di pulizie di un monaco buddhista*

Keisuke Matsumoto • *Manuale di un monaco buddhista per liberarsi dal rumore del mondo*

Keisuke Matsumoto • *Manuale di un monaco buddhista per sconfiggere la paura degli altri*

Yoshinori Nagumo • *Il magico potere del digiuno*

Roberta Schira • *La gioia del riordino in cucina*

James Shūichi Nakano • *I favolosi benefici dello stretching*

Nansen Oshō • *Lezioni del Buddha per raggiungere la serenità in 3 mesi*

Seigaku • *Lo zen e l'arte di mangiar bene*

Kiyohiko Shimazu • *Manuale di un monaco buddhista per avere successo sul lavoro*

Haruhiko Shiratori • *Per una mente libera*

Haruhiko Shiratori • *Il risveglio del drago*

Masato Tanaka • *La meravigliosa vita dei filosofi*

Nagisa Tatsumi • *L'arte di buttare*

Nagisa Tatsumi • *L'arte di insegnare il riordino ai bambini*

Mario Tauchi • *Colouring Sakura*

Keisuke Matsumoto • *Manuale di pulizie di un monaco buddhista*

Keisuke Matsumoto • *Manuale di un monaco buddhista per liberarsi dal rumore del mondo*

Keisuke Matsumoto • *Manuale di un monaco buddhista per sconfiggere la paura degli altri*

Yoshinori Nagumo • *Il magico potere del digiuno*

Roberta Schira • *La gioia del riordino in cucina*

James Shūichi Nakano • *I favolosi benefici dello stretching*

Nansen Oshō • *Lezioni del Buddha per raggiungere la serenità in 3 mesi*

Seigaku • *Lo zen e l'arte di mangiar bene*

Kiyohiko Shimazu • *Manuale di un monaco buddhista per avere successo sul lavoro*

Haruhiko Shiratori • *Per una mente libera*

Haruhiko Shiratori • *Il risveglio del drago*

Masato Tanaka • *La meravigliosa vita dei filosofi*

Nagisa Tatsumi • *L'arte di buttare*

Nagisa Tatsumi • *L'arte di insegnare il riordino ai bambini*

Mario Tauchi • *Colouring Sakura*

Scopri il catalogo Vallardi
sempre aggiornato con le ultime novità
**www.vallardi.it**

Finito di stampare
nel mese di gennaio 2018
da Grafica Veneta s.p.a.
Trebaseleghe (PD)